Unnützes Wissen aus der verrückten Welt des Fussballs

–

1.000 skurrile Fakten, kuriose Sprüche, Skandale, Pannen u.v.m. aus der Bundesliga und darüber hinaus

Inkl. Fragespiel für 2-6 Personen

Tobias Seebuck

Alle Ratschläge in diesem Buch wurden vom Autor und vom Verlag sorgfältig erwogen und geprüft. Eine Garantie kann dennoch nicht übernommen werden. Eine Haftung des Autors beziehungsweise des Verlags für jegliche Personen-, Sach- und Vermögensschäden ist daher ausgeschlossen.

Unnützes Wissen aus der verrückten Welt des Fussballs – 1000 skurrile Fakten, kuriose Sprüche, Skandale, Pannen u. v. m. aus der Bundesliga und darüber hinaus. Inklusive Fragespiel für 2 - 6 Personen.

Auflage 2021

Haftungsausschluss und rechtliche Hinweise

 Alle Quellen und Studien, die zur Erstellung dieses Buches herangezogen wurden, wurden vorher ausgiebig überprüft und für qualitativ hochwertig befunden. Dennoch erfolgt die Umsetzung der darin vorgestellten Methoden auf eigenes Risiko. Der Verlag und der Autor können weder Haftung für Personen-, Sach- oder Vermögensschäden übernehmen noch für die Richtigkeit und Aktualität der hier enthaltenen Informationen garantieren.

Beachten Sie, dass der Inhalt dieses Werkes auf der persönlichen Meinung des Autors basiert, zum Unterhaltungszweck dient und nicht mit medizinischer Hilfe gleichgesetzt werden darf. Bitte befragen Sie Ihren Arzt zu den in diesem Buch vorgestellten Empfehlungen, bevor Sie diese befolgen. Eine Garantie für das Erreichen der Ziele wird weder vom Autor noch vom Verlag übernommen. Des Weiteren enthält dieses Buch Links zu anderen Webseiten, auf deren Inhalt wir keinen Einfluss haben und damit keine Gewähr übernehmen können. Zum Zeitpunkt der Erstellung dieses Buches konnten keine Rechtsverstöße verlinkter Webseiten entdeckt werden. Alle Daten, Zahlen und Fakten wurden mit aller Sorgfalt recherchiert und geprüft, bleiben aber dennoch ohne Gewähr auf Richtigkeit, Aktualität und Vollständigkeit.

INHALT

Vorwort

Hallo Gleichgesinnter! Wenn du dieses Buch in deinen Händen hältst, bist du wahrscheinlich genauso ein großer Fußballfan wie ich. Du weißt bestimmt, wie oft Deutschland die WM und EM gewonnen hat, welcher Verein am häufigsten die Deutsche Meisterschaft oder den DFB-Pokal geholt hat und welcher Spieler gerade Torschützenkönig ist. Aber die hier aufgeführten Fakten und Kuriositäten rund um die schönste Nebensache der Welt werden vermutlich selbst dich noch überraschen!

Sorgfältig und nach bestem Wissen und Gewissen recherchiert, erwarten dich auf den folgenden Seiten 1.000 interessante Fakten, witzige Sprüche und Vereinsnamen sowie skurrile Skandale, Verletzungen uvm., die nur wahre Fußballexperten kennen. Am Ende des Buches erwartet dich zudem ein lustiges Fragespiel, bei dem deine Kreativität gefragt ist. Du kannst es mit bis zu sechs Freunden spielen. Werde zum wahren Fußballexperten und beeindrucke deine Freunde mit interessanten Fakten und lustigen Anekdoten rund um den schönsten Sport der Welt. Ich wünsche dir viel Spaß beim Schmökern und Schmunzeln!

Verblüffende Fakten

AUS KNAPP 60 JAHREN BUNDESLIGAGESCHICHTE

- In Deutschland gibt es rund 26.000 Fußballvereine. Diese sind in fünf Regional- und 21 Landesverbänden organisiert.
- Der DFB ist weltweit der mitgliederstärkste Sportverband. Er zählt über sieben Millionen Mitglieder. Das sind fast 10 % der deutschen Gesamtbevölkerung.
- Es gibt in Deutschland – Amateur-, Jugend- und Frauenfußball eingerechnet – über 2.200 Ligen.
- Die Reederei Rudolf Schepers hat den Borussen ein Containerschiff gewidmet – die „MS Borussia Dortmund“. Später ließ selbige noch die „Werder Bremen“ zu Wasser.
- Der 1. FC Bayern München ist der mitgliederstärkste Bundesligaverein (über 290.000 Mitglieder), gefolgt vom FC Schalke 04 (160.000 Mitglieder) und dem BVB 09 Dortmund (über 150.000 Mitglieder).
- Der 1. FCB ist sogar der mitgliederstärkste Sportverein weltweit. Kann man mal machen …
- Zum Ende der Saison 2020/2021 hatten bereits insgesamt 56 verschiedene Vereine in der 1. Bundesliga gespielt, seit diese 1963 gegründet wurde.

- Knapp jeder dritte deutsche Verein beginnt mit SV (29 %), fast jeder Sechste mit FC (13 %), gefolgt von TuS (11 %). Alle anderen Kürzel, wie etwa SC, SG und Co. bewegen sich im einstelligen Prozentbereich.
- Wusstest du, dass Fußballprofis bis zu sechs Stunden am Tag trainieren? Das ist in der Saisonvorbereitung meist der Fall. Während der Saison variieren sowohl die Häufigkeit der Trainingstage als auch die Länge der Trainingseinheiten von Verein zu Verein.
- Laut Arbeitsvertrag haben Bundesligaspieler eine 40-Stunden-Woche.
- Wenn ein Fußballprofi seinen Job verliert und sich beim Arbeitsamt melden muss, wird er dort als „Künstler" registriert.
- Mario Basler hat in seiner Fußballkarriere drei Ecken direkt verwandelt.
- Stefan Effenberg machte nicht nur mit Skandalen von sich reden (vgl. Kapitel 4), sondern auch mit seiner hitzigen Art auf dem Sportplatz: Er hat in seinen 370 BL-Spielen stolze 114 Gelbe Karten kassiert. Das muss man erst mal schaffen!
- Auch der Argentinier Diego Klimowicz kann da einiges vorweisen: Er sah in seiner Bundesligazeit vier Mal rot – und wurde in allen vier Fällen vom selben Schiedsrichter vom Platz gestellt!
- Knapp 40 % aller Bundesliga-Aufsteiger steigen gleich in der darauffolgenden Saison wieder ab.

- Eigentlich müssten die Dortmunder und die Münchner die Vereinsfarben tauschen: Das Stadtwappen von Dortmund ist rot-weiß und das von München ist schwarz-gold.
- Die Meisterschale, die dem Saisonbesten aus der Bundesliga am Ende überreicht wird, hat einen Materialwert von 25.000 Euro.
- In der Saison 2018/2019 wurden über 30 Handelfmeter gepfiffen – das ist fast dreimal so viel wie in den Jahren zuvor. Als möglicher Grund dafür wird häufig der Videobeweis (VAR) genannt.
- Bixente Lizarazu trug während seiner Zeit beim 1. FC Bayern München die 69 – in Anlehnung an sein Geburtsjahr.
- Andreas Görlitz stellte seinerzeit mit seiner Rückennummer sogar einen Bundesliga-Rekord auf: Mit der 77 trug er die höchste Rückennummer, die bis dato in der höchsten deutschen Liga getragen wurde.

ÜBER DIE 36 BELIEBTESTEN DEUTSCHEN VEREINE

1. FC Bayern München

- 2013 feierte der FCB erstmals und als bisher einzige deutsche Mannschaft das Triple aus Meisterschaft, DFB-Pokalsieg und CL-Sieg.
- In der Saison 2019/2020 schafften die Bayern den Triple-Gewinn noch ein weiteres Mal.

- Am häufigsten sind die Bayern in der Bundesliga bisher gegen Werder Bremen angetreten, nämlich schon 110-mal.
- Seinen 1.000-sten Sieg feierte der 1. FC Bayern München im Oktober 2015 gegen den 1. FC Köln (Endstand 4:0).
- Sepp Meier bestritt die meisten Spiele für die Bayern – 473, davon 422 am Stück.
- In der Saison 2014/2015 blieben die Bayern in 22 Spielen ohne Gegentor.
- Der FC Bayern knackte schon einmal die 100er-Marke in Sachen Tore: in der Saison 1971/1972. Und in der Saison 2019/2020 waren sie knapp davor – sie trafen 99-mal.
- Seit der ersten offiziellen Bundesliga-Saison hatten die Bayern schon 31 verschiedene (Interims-) Trainer.
- Der FC Bayern zählt europaweit zu den fünf besten Vereinen und hat es neben dem FC Barcelona als einziger Club schon mal geschafft, alle sechs Titel in einer Spielzeit zu gewinnen: DFB-Pokal, Deutsche Meisterschaft, DFL Super Cup, Champions League, UEFA Super Cup und FIFA Club World Cup.
- Der FC Bayern wurde 1900 im Café Gisela gegründet – ursprünglich allerdings als Karnevalsverein! (Anm.: In München heißt das aber Fasching. Und damals war Fußball in Deutschland auch noch ziemlich verpönt.)
- "Mia san Mia" ist keine Erfindung der Bayern. Tatsächlich war der Spruch schon im 19. Jahrhundert sehr geläufig, allerdings in Österreich-Ungarn. Beim FCB wird er seit den 80ern verwendet und hat sich mittlerweile als eine Art

Slogan durchgesetzt.

- Ach ja, ... Bayerisch kann so schön missverständlich sein: In den 90ern hatte Karl Hopfner dem Co-Trainer einen neuen Spieler mit den Worten „Des is a neuer Testspieler, der hoast Mohamed." vorgestellt. Der Trainer wiederum erklärte seinem Team: „Das ist der Horst Mohamed.".
- Seit 1982 stand in jedem WM-Finale mindestens ein Spieler auf dem Feld, der zum jeweiligen Zeitpunkt beim 1. FC Bayern München unter Vertrag war.

Borussia Dortmund

- Von wegen Schwarz-Gelb! Die ursprünglichen Trikots des BVB waren blau-weiß gestreift mit einem roten Diagonalstreifen – hohe Ähnlichkeit mit den Schalker Farben. Erst ab 1913 traten die BVB-Spieler mit schwarzen Hosen und roten Trikots auf.
- Anschließend bekamen die BVB-Spieler oft den Spitznamen „Die Zitronen" zu hören – aber immer noch besser, als in Blau-Weiß spielen zu müssen!
- Jens Lehmann führt die interne Liste mit den meisten Platzverweisen an.
- Der BVB wurde am 4. Advent 1909 in einer Kneipe gegründet.
- Der Namensteil „Borussia" geht außerdem auf eine nahe gelegene Borussia-Brauerei zurück.

- Der erste Platz der Borussen hieß „Weiße Wiese", in Anlehnung an die Pappeln, die den Rasen regelmäßig mit ihren weißen Blättern bedecken.
- Im Jahr 1913 wurde den Borussen ein Derby-Sieg gegen den VfL Dortmund aberkannt. Der Grund: Das Tor war 22 cm zu breit.
- Nuri Sahin feierte 2005 als damals jüngster BVB-Spieler sein Bundesliga-Debüt: Und zwar im Alter von 16 Jahren, 11 Monaten und einem Tag. Bis Ende 2020 war er sogar der jüngste Debütant in der Bundesliga-Geschichte. Jetzt ist er beide Titel los ...
- ... denn im November 2020 hatte der derzeit amtierende jüngste Bundesliga-Debütant seinen ersten Einsatz, ebenfalls beim BVB: Youssoufa Moukoko. Er durfte einen Tag nach seinem 16. Geburtstag gegen Hertha BSC auflaufen.
- Aubameyangs vollständiger Name ist Pierre-Emerick Emiliano François Aubameyang.
- Am 22. Januar 2017 hatten gleich drei BVB-Spieler Geburtstag: Adrian Ramos, Marcel Schmelzer und Hendrik Bonmann. Da wurde bestimmt ordentlich gefeiert!

FC Schalke 04

- Der FC Schalke 04 durfte sich über Beistand von ganz oben freuen: Der mittlerweile verstorbene Papst Johannes Paul II. war Ehrenmitglied des Vereins und hielt sogar eine Messe im Schalker Stadion ab.

- Die jüngste Startelf aller Zeiten lief 1972/1973 für Schalke auf. Die Mannschaft war im Durchschnitt 22,1 Jahre jung.
- 2002 ließ Rudi Assauer den gerade frisch gewonnenen DFB-Pokal aus dem Schalker Partybus fallen – danach sah der Pokal ziemlich mitgenommen aus. Einige Steinchen fehlten. Nach so langer Zeit ohne Titel waren die Schalker wohl in zu großer Feierlaune. Immerhin: 2011 blieb der Pokal ganz.
- In der Saison 2000/2001 durfte sich Schalke über den Meistertitel freuen – ganze vier Minuten lang. Dann wurde bekannt, dass die Bayern in letzter Minute durch einen Ausgleichstreffer in der Nachspielzeit noch an Schalke vorbeigezogen waren.
- Mike Hanke sorgte für ein besonderes „Tor des Monats". Die Schalker hatten gerade erst ein Elfmeter-Tor kassiert – geschossen vom Leverkusener Keeper Hans-Georg Butt. Da dieser nach dem Wiederanpfiff noch gemütlich auf dem Weg zum Tor war, schoss Hanke den Ball prompt von der Mittellinie aus in den noch leeren Kasten.
- Der FC Schalke 04 hieß nicht immer so. 1904 wurde er von Studenten als Westfalia Schalke gegründet und hieß später für kurze Zeit Schalker Turnverein 1877. Seit 1924 trägt der Club seinen heutigen Namen.
- Eine skurrile Situation erlebten die Schalker im Jahr 2012, als sie zum Europa League-Spiel gegen Viktoria Pilsen anreisten. Weil sie Doppelzimmer mit Einzelbetten geordert hatten, ging der Hotelier kurzerhand hin und zersägte die Ehebetten in den entsprechenden Zimmern.

1. FC Köln

- „Mach et Otze" – diese Worte sind legendär. Mit ihnen hatte Kölns Trainer damals Frank Ordenewitz angestiftet, sich durch ein zweites Foul einen Platzverweis im DFB-Halbfinale gegen Duisburg abzuholen. Grund: Bis 1991 durften Pokal-Strafen noch in der Liga abgesessen werden und somit hätte „Otze" dann im Finale wieder spielen dürfen, statt gelbgesperrt zu sein. Dumm nur: Der DFB änderte die Regelung nach dieser Aktion und alles war für die Katz.
- Peinlich! 2005 schloss man einen Sponsorenvertrag mit einer Firma aus Zypern ab, die es gar nicht gab.
- Nach dem UEFA-Cup-Spiel gegen Moskau wären beinahe etliche Köln-Fans am Flughafen verhaftet worden, weil sie versuchten, Kaviar aus der Sowjetunion herauszuschmuggeln.
- Der Geißbock „Hennes" war ursprünglich ein Karnevalsscherz – jetzt ist er seit Generationen das Kölner Maskottchen.
- Der 1. FC Köln wurde am 13. Februar 1948 als „1. Fußball-Club Köln 01/07 e. V." gegründet.
- Zu den bekanntesten Kölner Spielern zählen Lukas Podolski und Toni Polster, beide waren dort Stürmer.
- Beinahe hätte sich der 1. FC Köln in „1. FC Fantasialand Köln" umbenannt. Der Betreiber des Freizeitparks hatte den Geißböcken eine Menge Geld geboten, unter der Voraussetzung, dass die Umbenennung stattfinden müsse.

- Die bisher schnellste Rote Karte in der Bundesliga sah Youssef Mohamad nach 93 Sekunden am ersten Spieltag. Das Ganze geschah in der Saison 2010/2011, als er für den 1. FC Köln spielte.

FSV Mainz 05

- Mainz ist aktuell die viertkleinste Stadt, die einen Bundesligaverein in der 1. Liga vorweisen kann. Die einzigen Städte, die noch kleiner sind, sind Wolfsburg, Hoffenheim und Leverkusen.
- Stephan Kuhnert schaffte es 1989, das Tor des Monats zu erzielen, indem der Keeper den Ball von seinem Strafraum aus nach vorne drosch – direkt ins gegnerische Tor.
- Die Mainzer sind bereits seit 2009 ununterbrochen in der Ersten Bundesliga.
- 2004 gelang es dem FSV zum ersten Mal, in die höchste Spielklasse aufzusteigen.
- Diesen Rekord wird wohl niemand freiwillig brechen wollen: 2005 schoss Nikolče Noveski gegen Frankfurt gleich zwei Eigentore. Und das innerhalb von 132 Sekunden, also weniger als zweieinhalb Minuten!

1. FC Kaiserslautern

- Die Roten Teufel vom Betzenberg gibt es schon seit dem 2. Juni 1900.
- Kaiserslauterns wohl bekanntester Spieler bleibt Fritz Walter, nachdem nicht nur das Stadion benannt ist, sondern

sogar eine Wetterlage. Wann immer es während eines Spiels regnet, kann man aus irgendeiner Ecke jemanden rufen hören: „Das ist ja richtiges Fritz-Walter-Wetter!".

- Die Lauterer wurden viel Mal Deutscher Meister und gewannen zweimal den DFB-Pokal. Das kann man sich heute kaum noch vorstellen.

- Zwei Spieler, die durch den 1. FC Kaiserslautern bekannt wurden, sind Michael Ballack und Miroslav Klose. Letzterer hat zuvor auch beim quasi in Vergessenheit geratenen FC 08 Homburg gespielt.

- Der 1. FC Kaiserslautern hat es hingegen als bisher einziger Verein geschafft, direkt nach dem Aufstieg in die 1. Bundesliga, 1997/1998 auch die Meisterschaft zu gewinnen.

Borussia Mönchengladbach

- Die Fohlen waren schon sechsmal Deutscher Meister, dreimal DFB-Pokalsieger und gewannen schon zweimal den UEFA-Cup.

- 1973 holte die Borussia den DFB-Pokal, nachdem sich Günter Netzer mit seinem berühmten „Ich spiel dann jetzt." selbst eingewechselt hatte und kurz darauf das Siegtor schoss.

- Das erste Corona-bedingte „Geisterspiel" war ausgerechnet das Derby Gladbach gegen Köln. Die Partie vom 11. März 2020 musste ohne Zuschauer im Stadion ausgetragen werden.

- In der Saison 1970/1971 zerstörte der Gladbacher Herbert Laumen das gegnerische Tor, als er dort einen Freistoß von Günter Netzer hineindreschen wollte. Er verfehlte allerdings den Ball und verfing sich im Netz. Während seines Befreiungsversuchs brach einer der Pfosten, sodass der Schiedsrichter die Partie abbrechen musste.
- Der höchste Bundesliga-Sieg gelang den Gladbachern im April 1978. Sie gewannen mit 12:0 gegen den BVB.

Hamburger SV

- Der HSV war nicht nur in der Bundesliga ein „Dino", bevor er 2018 abstieg. Auch vor der Gründung der heutigen Bundesliga spielte er schon immer höchstklassig – insgesamt stolze 99 Jahre lang, also schon seit 1919!
- Sowohl in der Saison 2013/2014 als auch in der Saison 2014/2015 machte der HSV mit besonders schlechten Relegationswerten von sich reden und stellte dabei Negativrekorde auf.
- Bei einer Messung im Jahr 2004 kam heraus, dass eines der Tore in der AOL-Arena zwei Zentimeter zu niedrig war.
- Der Hamburger SV ist der einzige deutsche Verein, der seinen Fans einen eigenen Fan-Friedhof in der Nähe des Stadions anbietet. Auch weltweit ist das eine Seltenheit: Ansonsten gibt es das nur noch bei den argentinischen Boca Juniors.
- 2003 schleusten die Hamburger Mehdi Mahdavikia für ein Spiel in Schottland ein, indem sie die Beamten so lange ablenkten, bis er an den Kontrollpunkten vorbei war.

- 1984 hoffte Gerhard Delling, als Profifußballer entdeckt zu werden. Bei einer Landesligapartie, in der er zwei Tore schoss, war der damalige HSV-Manager Günter Netzer anwesend. Mit der Kicker-Karriere wurde es zwar nichts, aber dafür standen beide jahrzehntelang regelmäßig zusammen als Kommentatoren vor der Kamera.
- Der HSV sorgt wiederum in Sachen Trainer für ganz andere Schlagzeilen: Der Verein hat seit 2012 schon über ein Dutzend Trainer und Manager eingestellt und wieder gefeuert – selbst für den Profifußball ein ziemlicher Verschleiß ...

1. FC Union Berlin

- Peinliche Trikot-Panne! Die Berliner hatten 2017 den Namen ihres Neuzugangs Atsuto Uchida falsch geschrieben – dass er beim ersten Spiel als „Uschida" auflief, nahm der Japaner aber mit Humor.
- Der Unioner Günter „Jimmy" Hoge hat es geschafft, für sechs Jahre gesperrt zu werden. Wie? Er hatte es gewagt, bei einer TV-Übertragung die westdeutsche Hymne mitzusingen. Das passte dem SED-Regime und dem Fußballverband der DDR natürlich überhaupt nicht.
- Der Schlachtruf „Und niemals vergessen: Eisern Union!" basiert auf Faxnachrichten von zwei Freunden. Der eine wollte auch im Urlaub über die Erfolge seiner Mannschaft auf dem Laufenden bleiben und erinnerte seinen Freund mit „u. n. v. e. u." daran, ihm immer die Presseschau zu schicken.

Eintracht Frankfurt

- 2019 ließ sich der Frankfurter David Abraham zu einem Bodycheck gegen den Freiburger Coach Christian Streich hinreißen – und flog deswegen vom Platz. Zudem kamen es zu Tumulten auf dem Rasen und den Rängen.
- Derzeit darf sich Frankfurt über ein lebendiges Maskottchen freuen: dem Adler Attila aus dem Hanauer Wildpark.
- 2019 erzielte Luka Jović das späteste Elfmeter-Tor der BL-Geschichte. Er verwandelte den Strafstoß in der neunten Minute der Nachspielzeit.
- Die meisten Nationalitäten waren bisher bei Eintracht Frankfurt am Start. Dort haben bislang Spieler aus 59 verschiedenen Nationen mindestens einen Einsatz gehabt.
- Für 1.899 Euro kann man Vereinsmitglied auf Lebenszeit werden. Von dieser Option hat unter anderem der Rennfahrer Sebastian Vettel Gebrauch gemacht.

Bayer 04 Leverkusen

- Die Leverkusener werden in England „Neverkusen" und in Spanien „Las Aspirinas" genannt.
- 2015 stellten die Leverkusener einen neuen Rekord auf: Sie schossen sechs Tore in 36 Minuten und gewannen das Spiel gegen Frankfurt später mit 6:1.
- Bayer Leverkusen hat zwar nicht unbedingt die meisten Fans, darf dafür aber stolz den ersten „Ultra"-Fanclub der BL-Geschichte sein Eigen nennen: Die „Mad Boyz" gibt es

schon seit 1994.

- „Vizekusen" ist wohl ein Spitzname, den die Leverkusener genauso wenig loswerden können wie „die Werkself". Am deutlichsten wurde das 2002, als Bayer dreimal nur Zweiter wurde (Meisterschaft, DFB-Pokal und CL-Pokal) – und einige Bayer-Spieler zudem, zusammen mit dem übrigen Kader der DFB-Elf, auch bei der WM in die Röhre schauten, nachdem sie das Finale gegen Brasilien verloren hatten.

RB Leipzig

Leipzig schaffte in seinem ersten Jahr (2016/2017) in der Bundesliga so einige Rekorde:

- Als Neuling blieb das Team in den ersten 13 Spielen unbesiegt – zuvor lag der Neulingsrekord bei fünf Spielen.
- Den Leipzigern gelangen dabei sieben Siege in Folge.
- Einen weiteren Rekord stellten sie auf, als sie mit ihren 20 Siegen innerhalb der Saison mit dem 1. FC Bayern München gleichzogen.
- Auch die Roten Teufel aus Kaiserslautern mussten einen Neulingsrekord abgeben: Mit einer Punktzahl von 67 und einer Tordifferenz von +27 war RB Leipzig in der ersten BL-Saison um drei Tore besser als die Lauterer. Allerdings hatte der 1. FCK ein Pünktchen mehr auf dem Konto und wurde Deutscher Meister.
- Auch der bisherige Rekord in Sachen Auswärtssiege in der ersten Bundesligasaison geht auf ihr Konto: Neben dem FC Bayern und Hannover 96, waren auch die Leipziger

insgesamt acht Mal erfolgreich auf dem gegnerischen Platz.

- Offiziell ist der RB Leipzig als „Rasenballsport Leipzig" eingetragen – obwohl jeder weiß, dass RB ganz werbewirksam für den Hauptsponsor Red Bull steht.
- 2020 liefen die Spieler des RB mit unterschiedlichen Trikots auf. Der Grund: Der Trikotkoffer war abhandengekommen und das Team musste improvisieren.

SG Dynamo Dresden

- Im November 2020 absolvierte Dresden sein 2.500-tes Spiel in ihrer gesamten Vereinsgeschichte.
- 2004 musste der Dynamo-Rasen extra grün angemalt werden, da überall noch weiße Linien vom Football-Spiel des Vortages zu sehen waren.
- Auch die Trikotfarbe hat sich mehrmals geändert: Ganz zu Beginn spielte man in Grün-Weiß, dann in Weinrot. Seit der Saison 1968/1969 läuft die Dynamo-Elf in Schwarz-Gelb auf, den Stadtwappenfarben von Dresden.
- In einem Freundschaftsspiel gegen den SSV Neustadt gelang Dresden ein fulminanter 27:0-Sieg.
- Der höchste Sieg in einem Pflichtspiel war ein 10:0 gegen die BSG Motor Werdau (Pokalrunde 1985/1986).
- In dieser Partie erzielte der damals erst 18-jährige Matthias Sammer vier Treffer.

VfB Stuttgart

- Der VfB Stuttgart konnte die Fans in den 90ern mit seinem „magischen Dreieck" aus Fredi Bobic, Giovane Élber und Krassimir Balakov verzaubern: Die drei schossen unzählige Tore.

- Doch glänzte der VfB auch mit einem „tragischen Dreieck": Fredi Bobic, Marco Haber und Gerhard Poschner ließen sich zum Singen animieren und traten gemeinsam unter dem Pseudonym „Das Tragische Dreieck" im Stadion auf.

- Am 30. September 1992 hätte Stuttgart sich in der Champions League gegen Leeds durchsetzen können, wenn Christoph Daum nicht der folgende Fehler beim Wechseln passiert wäre: Er schickte einen weiteren Abwehrspieler aufs Feld. Dummerweise aber dadurch auch den vierten Ausländer im VfB-Aufgebot, was nach den damaligen Richtlinien rechtswidrig war.

- In der Saison 2018/2019 machte der VfB in der Partie gegen Bremen mit dem wohl kuriosesten Eigentor aller Zeiten auf sich aufmerksam: Borna Sosa warf einen Einwurf zu seinem Torwart Ron-Robert Zieger, der allerdings gerade mit dem Schuhe zubinden beschäftigt war. Er reagierte zu spät – berührte zwar den Ball – konnte aber nicht mehr verhindern, dass der Ball die Torlinie überquerte. Hätte er den Ball einfach durchgelassen, hätte der Treffer nicht gezählt.

TSG 1899 Hoffenheim

- Dietmar Hopp, Mitgründer des IT-Unternehmens SAP, investierte in seinen Heimatverein – und hat diesen in nur 18 Jahren vom Kreisliga- zum Bundesligaverein gemacht.
- Hansi Flick hat früher mal die TSG trainiert und den Verein dabei von der Ober- in die Regionalliga geführt. Der Sprung in die Zweite Bundesliga wollte ihm mit dem Team aber nicht gelingen.
- Da der Stadtteil „Hoffenheim“ zu klein ist und auch kein ausreichend großes Stadion vorweisen kann, trägt die TSG ihre Heimspiele in Sinsheim aus.

Hertha BSC Berlin

- Hertha ist Tierpatin für die gleichnamige Eisbärdame, die 2018 im Berliner Zoo das Licht der Welt erblickte.
- In der Saison 1992/1993 schaffte es Hertha ins DFB-Pokalfinale – also deren Amateurmannschaft! Das ist bis heute noch keiner anderen Amateurmannschaft gelungen. Die „Hertha Bubis“ unterlagen dann auch nur mit einem knappen 0:1.
- Allein in der Saison 2011/2012 hatte „die alte Dame“ fünf verschiedene Trainer!

Werder Bremen

- In der Saison 2019/2020 konnte sich Werder mit einem 6:1-Sieg gegen Köln, gerade so auf den letzten Drücker, einen Relegationsplatz und den Verbleib in der Ersten Bundesliga sichern.

- Elf Jahre zuvor lief es beim DFB-Pokal noch ganz anders: Bremen gewann ein Spiel nach dem anderen, inklusive des Finales im Olympiastadion. Das Kuriosum dabei: Bei der Auslosung wurde Bremen nicht ein einziges Mal das Heimrecht zugesprochen.

- Neben der „Hand Gottes“ gibt es auch die „Papierkugel Gottes“. Im UEFA-Cup Halbfinale von 2009 hätte dem HSV ein Unentschieden gereicht, um die Bremer nach Hause zu schicken. Eine Papierkugel aus einer Fan-Choreo führte dazu, dass die Bremer einen Eckball bekamen und uneinholbar mit 3:1 in Führung gingen – sie zogen schließlich ins Finale ein.

- Beim Nordderby von 1971 gegen den HSV hatten die Bremer keine Ausweichtrikots dabei, durften aber – wegen der Ähnlichkeit mit den HSV-Trikots – nicht in ihren eigenen Trikots spielen. Sie mussten deshalb die Auswärtstrikots der Hamburger anziehen.

- Im CL-Achtelfinale 2005/2006 scheiterte das Weiterkommen ausgerechnet an einem Unglücksmoment des Werder-Keepers Tim Wiese: Er ließ im Heimspiel beim Abrollen einen gerade gefangenen Ball fallen, wodurch Juve-Stürmer Emerson einnetzen konnte. Beide Teams hatten nach Hin- und Rückspiel gleich viele Punkte und Tore, doch aufgrund der Auswärtstor-Regel kam Juve weiter.

- Umgekehrt lief es im CL-Viertelfinale 2010/2011: Der blutende Sandro Wagner musste vom Platz. Da es kein Ersatztrikot gab, wurde Markus Rosenberg eingewechselt. Der rettet Bremen in die Verlängerung, in der Claudio Pizarro schließlich den dringend benötigten Treffer erzielt. Diesmal kam Bremen dank der Auswärtstor-Regelung weiter.

Arminia Bielefeld

- Bielefeld ist bisher schon acht Mal aufgestiegen. Das brachte dem Team die unbeliebte Bezeichnung „Fahrstuhlmannschaft" ein.
- 1992 hat die Arminia eine besonders bittere Niederlage gegen den BVB einstecken müssen. Während es nach der ersten Halbzeit noch 1:1 stand, schossen die Dortmunder in der zweiten Halbzeit zehn weitere Tore, sodass Bielefeld mit 1:11 verlor.
- Die bisher älteste BL-Startelf lief 2007/2008 bei Arminia Bielefeld auf – mit einem Durchschnittsalter von 31,5 Jahren.
- Beim Finale um die Westdeutsche Meisterschaft im Jahr 1923 stand es in der Halbzeit gegen Düsseldorf bereits 1:3. Arminia-Keeper Schulte war sich des Sieges dennoch sicher und nahm entsprechende Wetten entgegen. Bielefeld rettete sich zunächst in die Verlängerung – und schaffte dann, dank Willi Pohl, sogar den Titelgewinn.

Fortuna Düsseldorf

- Die Fortuna stieg 1996/1997 in die Zweite Bundesliga ab und schaffte es erst 15 Jahre später wieder ins deutsche Oberhaus.
- In diesem Zusammenhang kaufte man gleich 16 (!) neue Spieler ein – definitiv rekordverdächtig.

- Dadurch wurden auch 30.000 Dauerkarten auf einen Schlag verkauft – ebenfalls ein Rekord.
- Andreas Lambertz hat es als einziger BL-Spieler geschafft, mit dem gleichen Verein von der Ober- bis in die Erste Bundesliga aufzusteigen.
- Um den BL-Wiedereinstieg gebührend zu feiern, wurde zu Saisonbeginn ein Testspiel mit Benfica Lissabon vereinbart – das blieb dann auch der letzte Verein, gegen den Düsseldorf in einem europäischen Wettbewerb antrat (1980/1981).

SC Freiburg

- Der SC Freiburg ist vor allem für seine Fußballschule bekannt und gilt auch als klassischer „Ausbilder-Verein".
- Einer der bekanntesten Freiburger ist und bleibt Joachim Löw.
- 1993 schaffte es Freiburg erstmals, in die 1. Bundesliga aufzusteigen.
- Jeweils zweimal hat der SC Freiburg schon an der UEFA Europa League und dem UEFA-Pokal teilgenommen.
- Anfang der 90er hatten die Freiburger den Spitznamen „Breisgau-Brasilianer", weil sie als einer der Ersten die Techniken und Taktiken des „modernen Fußballs" anwandten.

1. FC Nürnberg

- Im Kalenderjahr 2013 bestritt der Nürnberger Kapitän alle Pflichtspiele und vor allem auch von der ersten bis zur letzten Minute – als einziger Spieler aus dem Kader.

- Nürnberg hat schon viermal den DFB-Pokal gewonnen.
- „Der Glubb" wurde am 4. Mai 1900 gegründet und ist einer der traditionsreichsten Vereine in Deutschland.
- Die rote Laterne in Sachen Tordifferenz in der ewigen Tabelle der Bundesliga geht aktuell an den 1. FC Nürnberg – mit einem Torverhältnis von -366 (1428:1794).
- Die Nürnberger halten auch einen weiteren Negativ-Rekord: Der Verein ist insgesamt schon neunmal in die 2. Bundesliga abgestiegen.

Karlsruher SC

- Den ersten Hattrick in der Geschichte der Bundesliga erzielte Otto Geisert für den Karlsruher SC – und zwar am 6. Oktober 1963.
- Aktuell wird das Stadion neu gebaut – es soll bis Ende 2022 fertig sein und dann rund 5.500 Zuschauer mehr aufnehmen können.

Hannover 96

- Hannover 96 ist einer der ältesten Fußballvereine Deutschlands. Gegründet am 12. April 1896.
- Von 2002 bis 2016 spielte Hannover 96 durchgehend in der Ersten Bundesliga.
- Hannover hat den ersten hauptamtlichen Vereinshistoriker und eines der größten Fußballarchive.

FC St. Pauli

- Offiziell am 15. Mai 1910 gegründet, ist der 1. FC St. Pauli erst seit 1924 ein eigenständiger (reiner) Fußballverein.
- Das Motto des Kiezvereins ist vor allem das „anders sein" – bloß nicht wie die anderen Profivereine auftreten.
- Spiele gegen den HSV sind das klassische Lokalderby, Spiele gegen die Bayern werden regelmäßig als eine Art Klassenkampf zelebriert.

MSV Duisburg

- Der vollständige Name des 1902 gegründeten Vereins lautet Meidericher Spielverein 02 e. V. Duisburg.
- Die Zebras standen schon viermal im DFB-Pokalfinale, haben aber alle vier Partien verloren.

FC Erzgebirge Aue

- Der Verein hat bereits sechsmal den Namen gewechselt – zuletzt 1993.
- Dreimal konnte Aue die DDR-Meisterschaft gewinnen. Damals erhielten die Kicker zudem den Spitznamen „die Schachtscheißer", wegen der wichtigen Rolle des Bergbaus im Gebiet rund um Aue.
- Aue schaffte auch dreimal den Aufstieg in die 2. Bundesliga – zuletzt 2016.

SC Paderborn 07

- 2019 wollte man eine Kooperation mit RB Leipzig eingehen. Da die SC-Fans drohten, dann die Spiele ihres Teams zu boykottieren, nahm man von diesen Plänen wieder Abstand.
- Der SCP war die erste und bisher letzte Trainerstation von Stefan Effenberg.
- Paderborn spielte bisher nur eine Saison in der 1. Bundesliga, stellte dabei aber einen Weitschuss-Rekord auf (vgl. Kapitel 2).

(FC) Energie Cottbus

- Cottbus wechselte dreimal den Namen und wurde 1963 ursprünglich als SC Cottbus gegründet.
- Von 1997 bis 2014 spielte der FCE in der ersten und zweiten Bundesliga.
- 1997 stand der damalige Erstliga-Aufsteiger zudem im DFB-Pokalfinale.

1. FC Magdeburg

- 1974 schaffte es Magdeburg als einziger DDR-Verein, einen europäischen Titel zu gewinnen: den Europapokal der Pokalsieger.
- Zuvor immer erstklassig, verpasste der 1. FC Magdeburg nach der Wende den Aufstieg in die höchste Liga und spielte anschließend meist in der dritten oder vierten Liga.
- Ein Klassiker ist das Ostderby gegen Hansa Rostock.

VfL Bochum

- Da die Bochumer oft als graue Mäuse bezeichnet wurden, haben sie selbstironisch eine Maus als Maskottchen gewählt. „Bobbi Bolzer“ ist allerdings, in Anlehnung an die Stadt- und Vereinsfarben, blau und nicht grau.
- Obwohl der VfL sechsmal in die erste Liga aufgestiegen und dort auch insgesamt etwa 35 Jahre lang vertreten ist, hat es nie für einen Titelgewinn gereicht, sondern eher für die unteren Tabellenplätze.
- Dafür konnte der Verein in seiner Erstliga-Zeit schon drei Torschützenkönige auf seinem Konto verbuchen: Stefan Kuntz (1985/1986 und 1993/1994), Thomas Christensen (2002/2003) und Theofanis Gekas (2006/2007).

FC Hansa Rostock

- Rostock ist in der Bundesliga der bisher erfolgreichste Ex-DDR-Verein.
- Kurz nachdem der erneute Aufstieg in die zweite Liga für die Saison 2021/2022 gesichert war, wurden auf einen Schlag rund 10.000 Dauerkarten gekauft. Das kann man wohl als „Welle der Euphorie“ bezeichnen.
- Walter Fritsch trainierte die Rostocker von 1959 bis 1965, hatte aber gar keine Trainerlizenz. Dennoch gilt er im Verein als Rekordtrainer.

FC Augsburg

- Die Augsburger werden auch „die Fuggerstädter" genannt.
- 1962 wechselte der Augsburger Helmut Haller als erster deutscher Fußballer nach Italien – zum FC Bologna. Zwölf Jahre später kam er zum FCA zurück.
- 2011 schaffte der Verein erstmals den Aufstieg in die 1. Bundesliga.

VfL Wolfsburg

- 2015 wurde der VfL der erste Verein, der zwei DFB-Pokale beherbergt: Die Männer- und die Frauenmannschaft hatten zu diesem Zeitpunkt mindestens einmal die Trophäe nach Hause gebracht.
- 2009 wechselte Trainer Felix Magath bereits dreimal in der ersten Halbzeit. Einmalig in der Vereinsgeschichte und auch eher eine Seltenheit in den oberen Ligen.
- Dennoch gelang es dem Verein in derselben Saison, zum ersten und einzigen Mal Deutscher Meister zu werden.

TSV 1860 München

- Der TSV wurde bisher einmal Deutscher Meister (1966) und gewann zweimal den DFB-Pokal (1942 und 1964).
- Der Verein wurde bereits 1848 gegründet, zwischenzeitlich aber verboten. Die erneute Gründung fand 1860 statt und diese Jahreszahl erhielt auch Einzug in den offiziellen Vereinsnamen.

Holstein Kiel

- Im DFB-Pokal 1978/1979 musste sich der damalige Favorit KSC dem Gastgeber und Außenseiter Holstein Kiel mit 5:2 geschlagen geben. Bitter für Karlsruhe, aber dafür eines der glorreichsten Spiele für die Kieler.

SpVgg Greuther Fürth

- Die SpVgg Greuther Fürth verabschiedete sich 2013 nach nur einer Saison, ohne einen einzigen Heimsieg, wieder aus der 1. Bundesliga.
- Das exakte Gegenteil dazu ist Tasmania Berlin gelungen. Der Verein hatte in seiner Bundesligazeit kein einziges Auswärtsspiel gewonnen.

AUS DER WELT DES FUßBALLS

- Uli Hoeneß wurde als aktiver Spieler im eigenen Land sowohl Europa- als auch Weltmeister (1972 und 1974).
- Jürgen Klopp fiel bei den Bayern und beim HSV durch das Trainer-Anforderungsprofil. Heute bereuen vermutlich beide Vereine, ihn nicht eingestellt zu haben.
- Jürgen „Kloppo" Klopp gilt nämlich mittlerweile weltweit als einer der besten Vereinstrainer.
- Pierre Littbarski hat Ende 2021 noch mal einen ganz anderen Karriereweg ausprobiert: Er trat bei der Unterhaltungsshow „The Masked Singer" auf – allerdings weitaus weniger erfolgreich als während seiner Fußballkarriere.

- Weil Kopfbälle das Gehirn schädigen können (s. Kapitel 6), dürfen Kinder in England und den USA mittlerweile kein Kopfballtraining mehr machen.

- Die schnellste Rote Karte während eines laufenden Spiels erhielt der Engländer Lee Todd. Gerade mal zwei Sekunden nach Anpfiff entglitt ihm ein „F*ck, war das laut." (also der Pfiff) – dumm nur, dass der Schiedsrichter dies als Beleidigung auffasste und ihn daraufhin des Platzes verwies.

- Über alle Wettbewerbe der Männer hinweg, fiel das schnellste Tor der Welt nach noch nicht einmal drei Sekunden (genau genommen 2,68) in einem Spiel der dritten russischen Liga. Mikhail Osinov schoss den Ball einfach von der Mittellinie aus in den gegnerischen Kasten.

- Noch schneller fiel 2017 ein Tor in einem Jugendspiel in Schottland: Gavin Stokes netzte innerhalb von 2,1 Sekunden nach Anpfiff ein.

- In Brasilien gibt es ein Stadion, dessen Mittellinie genau auf der Äquatorlinie verläuft. Folglich spielt in Macapá immer eine Mannschaft auf der Nord- und die andere auf der Südhemisphäre.

- Das erste Fußballspiel, das im Fernsehen übertragen wurde, war ein Match zwischen Arsenal London und der Reservemannschaft des Vereins. Das Ganze fand im Jahr 1937 statt.

- Das erste im TV übertragene Länderspiel war, ein Jahr später, das Match England gegen Schottland am 9. April 1938.

- Die FIFA hat mehr Mitglieder, als es offiziell von der UNO anerkannte Staaten gibt. Laut UNO gibt es 203 Staaten, bei der FIFA jedoch 211 vertretene Nationalverbände.

- Real Madrid schaffte es, acht Jahre und acht Tage lang kein einziges Heimspiel zu verlieren – ausgerechnet Barça hat diese Serie beendet.

- Übrigens hat der Fußball seine allerersten Wurzeln nicht in England, sondern im alten China. Dort wurde bereits vor über 2.000 Jahren v. Chr. ein „Spiel" gespielt, dessen Grundzüge den Regeln des heutigen Fußballs ähneln. Allerdings handelte es sich damals um eine militärische Übung.

- Wusstest du, dass der heutige Fußballsport und der heute (American) Football genannte Sport aus ein und demselben Sport entsprungen sind? Früher war es erlaubt, sowohl die Hände als auch die Füße zu benutzen, um den Ball ins gegnerische Tor zu befördern. Weil die Verletzungsgefahr aber so hoch war, hatte man sich in England gegen Ende des 19. Jahrhunderts dazu entschieden, aus dem damaligen „Football" zwei eigene Sportarten zu machen – eine, in der man den Ball überwiegend durch Würfe bewegt und eine, bei der man schießt.

- Das größte Stadion der Welt steht in Pjöngjang, Nordkorea und kann bis zu 150.000 Zuschauer aufnehmen. Damit ist es noch größer als das Maracanã-Stadion in Brasilien.

- Miroslav Klose ist aktuell der beste Torschütze Deutschlands. Mit seinen 71 Länderspieltoren hat er es zum Karriereende nach der WM 2014 geschafft, den Rekord von Gerd

Müller (68) zu brechen.

- Gerd Müller hält aber noch immer die beste Torquote: Mit 68 Treffern in 62 Länderspieleinsätzen ist er nach wie vor der einzige Spieler, der durchschnittlich mehr als ein Tor pro Länderspiel geschossen hat.
- Die meisten Länderspieleinsätze hatte bisher, und nach wie vor ungeschlagen, Lothar Matthäus (150). Auf Platz zwei folgt derzeit Miro Klose (137).
- Interessant dabei: Lothar Matthäus hat ziemlich genau 20 Jahre lang für die Nationalmannschaft gespielt und damit durchschnittlich sieben bis acht Einsätze pro Jahr gehabt. Klose hingegen hat die 137 Einsätze in 13 Jahren geschafft, also durchschnittlich zehn bis 11 Länderspiele pro Jahr absolviert.
- Der erste Bundestrainer war Otto Nerz. Damals (1927) hieß das Amt allerdings noch „Reichstrainer der Nationalmannschaft". Sein Nachfolger war Sepp Herberger.
- Geht man nach der Siegquote, ist Jupp Derwall der erfolgreichste Bundestrainer (67,16 % gewonnene Spiele). Ginge es hingegen nach Punkten, wäre es Berti Vogts (durchschnittlich 2,19).
- Pechvogel Joachim Löw: Bis zum blamablen Vorrunden-Aus bei der WM 2018 führte er in beiden Kategorien. Das ist nicht „einfach nur bitter", sondern doppelt ...
- Sepp Herberger war Trainer, als den Deutschen „das Wunder von Bern" gelang und sie ihren ersten WM-Titel gewannen.

Kleiner Reminder: Das war 1954!

- „Kaiser" Franz Beckenbauer war offiziell nie Bundestrainer. Da er die entsprechende Lizenz nicht vorweisen konnte, war er „Teamchef". Die Bundestrainer waren dann seine Assistenten Horst Köppel und später Holger Osieck.

- Ähnlich verhält es sich bei Rudi Völler. Auch er hatte keine Lizenz und bekam deshalb einen „offiziellen Bundestrainer" an die Hand, während er selbst „Teamchef" war.

- Ronaldinho machte bereits als Jugendspieler auf sich aufmerksam: In einem Spiel schoss er ganz allein alle 23 Tore für seine Mannschaft. Wir reden hier über ein einziges Match! Dessen Endstand war – logischerweise – 23:0. Damals war der Brasilianer 13 Jahre alt.

- „Küssen verboten" – das dachten sich nicht nur Die Prinzen, sondern auch die FIFA: Die hat 1981 jeglichen Torjubel untersagt, bei denen sich Spieler küssen, denn das sei „übertrieben gefühlsbetont". Ein Glück, dass Fußball nichts mit Emotionen zu tun hat, wo kämen wir da denn hin?

- „Die Arschkarte ziehen" ist übrigens ein Ausdruck, der tatsächlich aus dem Fußball-Universum stammt. Der Schiedsrichter bewahrt die Gelbe Karte in der Brusttasche seines Trikots auf, die Rote hingegen in der Gesäßtasche. Sieht ein Spieler rot, wird also die Arschkarte gezogen.

- Aufgrund der starken Windböen auf den Färöer-Inseln ist es Spielern dort gestattet, den Ball bei einem Elfmeter für ihren Mitspieler festzuhalten.

- Sir Conan Arthur Doyle hat nicht nur die Sherlock Holmes-Bücher geschrieben, sondern war auch Mitbegründer und erster Torhüter des Vereins Portsmouth FC.
- Cristiano Ronaldo eröffnete 2013 ein Museum über sich selbst – welch bescheidene Geste.
- 2002 traf der Südkoreaner Ahn Jung-hwan in der Nachspielzeit gegen Italien und kickte die Squadra Azzura damit aus der WM – einen Tag später wurde er bei seinem italienischen Verein gekündigt.
- In den ersten Regelwerken stand noch nichts über das Handspiel. Erst mit etwa drei Jahren Verspätung wurde dieses als offizieller Regelverstoß eingeführt.
- Die 20 reichsten Fußballvereine der Welt kommen alle aus Europa.
- „Soccer" sollte ursprünglich einfach nur als Abkürzung für „Association" eingeführt worden sein – und zwar Ende des 19. Jahrhunderts von Charles Wreford-Brown.
- Der offizielle Spitzname der australischen Nationalmannschaft ist „The Socceroos". Irgendwie musste man „Soccer" und „Kangaroo" ja miteinander in Verbindung bringen ...
- In Deutschland müssen Fußballfelder seit 1896 frei von Bäumen sein.
- José Mourinho blieb als Trainer mit seinen jeweiligen Teams zwischen 2002 und 2011 in 150 Liga-Heimspielen in Folge ungeschlagen. Damit darf er sich wohl mit Fug und Recht „Star-Trainer" nennen.

- Die beste Saison von Luis Suárez war nur um einen Scorerpunkt schlechter als die von Cristiano Ronaldo: 83 Punkte (2015/2016) im Vergleich zu 84 Punkten (2014/2015).
- Um eine vernünftige La-Ola-Welle zu starten, braucht man mindestens 30 Leute.
- Hast du dich schon mal gefragt, warum die Spanier bei ihrer Hymne nie mitsingen? Die Antwort ist tatsächlich total banal: Es gibt keinen Text!
- Der weltweit jüngste zugelassene Schiedsrichter ist Samuel Keplinger aus Deutschland. Bei seinem ersten offiziellen Spiel war er neun Jahre und 302 Tage alt. Respekt!
- Noch nie hat ein Engländer als Trainer die Premier League gewonnen.
- Der französische Ex-Nationalspieler Rio Mavuba wurde seiner Geburtsurkunde nach „auf hoher See“ geboren. Er kam nämlich auf einem Boot zur Welt.
- In der Saison 1937/1938 ist Manchester City aus dem britischen Oberhaus abgestiegen, obwohl der Club ein positives Torverhältnis hatte.
- 1980 trafen im Finale des spanischen Pokalwettbewerbs Real Madrid und die vereinseigene Reservemannschaft aufeinander. Real Madrid gewann mit 6:1 gegen Real Madrid!
- Norwegen ist das einzige Land, das noch nie gegen Brasilien verloren hat.

- Leicester City hat noch nie einen brasilianischen Spieler unter Vertrag genommen.
- Der AC Milan gewann die Serie A in der Saison 1993/1994 mit gerade mal 36 Treffern in 34 Spielen – kassierte aber auch nur 15 Gegentore. Besonders kurios: Udinese und Atalanta Bergamo hatten jeweils nur einmal weniger getroffen und stiegen ab ...
- Die Mannschaft des FC Chelsea ist genauso oft abgestiegen, wie sie schon Meister geworden ist.
- Cristiano Ronaldo ist 869 Tage älter als Lionel Messi. Bei ihren Söhnen ist die Altersdifferenz exakt genauso groß: Ronaldos Junior ist 869 Tage älter als Messis Sprössling.
- Dejan Stanković hat für drei „unterschiedliche" Nationen an Weltmeisterschaften teilgenommen: Jugoslawien, Serbien-Montenegro und Serbien.
- Der Vater des Spielers Gary Neville heißt Neville Neville. Immerhin: Der Name ist leicht zu merken.
- Theo Walcott hat in der Champions League mehr Tore geschossen als Ronaldo, Ronaldinho und Zidane.
- Cristiano Ronaldo hat in CL-Halbfinalen mehr Treffer erzielt als Messi, Neymar, Ibrahimović und Suárez zusammen.
- Manchester United hat seit 86 Jahren in jedem Spiel mindestens einen Spieler aus der eigenen Jugend im Kader.
- Wenn zwei starke Außenstürmer die gegnerische Abwehr regelmäßig durch die Mangel nehmen, spricht man auch von

einer „Flügelzange“. Das wohl bekannteste Zangen-Duo: Franck Ribéry und Arjen Robben zu ihrer Bayern-Zeit.

- Wusstest du, dass es die Rote Karte erst seit 1970 im Regelwerk gibt?
- Angela Merkel hätte 294 Jahre lang Bundeskanzlerin sein müssen, um das Gehalt zu verdienen, das Lionel Messi 2017 in nur einem Jahr verdient hat.
- Rudi Völler und Jürgen Kohlen waren die letzten Deutschen, die mit Oberlippenbart – auch „Respektbalken“ genannt – aufgelaufen sind. Hoffen wir mal, dass dieser Trend kein Comeback feiert. Ähnlich unvergessen ist wohl auch der „Vokuhila“.
- Ein Fußballfeld muss laut Regelwerk zwischen 45 und 90 Metern breit und zwischen 90 und 120 Metern lang sein – kann man sich eigentlich ganz gut mit den Spielzeiten merken: Halbzeit, reguläre Spielzeit, Verlängerung.
- Die meisten Plätze, auf denen (inter)nationale Spiele ausgetragen werden, sind 68 Meter breit und 105 Meter lang. Bei einigen Wettbewerben sind diese Maße nämlich Pflicht.
- Der älteste Schiedsrichter war bei seinem letzten Spiel 80 Jahre und 161 Tage alt. Es war der gebürtige Chinese Peter Pak-Ngo Pang, der in seiner amerikanischen Wahlheimat Kalifornien ein Spiel leitete.
- Der Vatikan hat eine eigene Fußballliga mit stolzen 16 Mannschaften – und das, obwohl gerade mal knapp 950 Menschen dort leben.

- Im Gegensatz dazu besteht die kleinste Liga der Welt aus gerade einmal zwei Mannschaften – die dennoch pro Saison an 16 Spieltagen gegeneinander antreten! Das Ganze findet auf den britischen Scilly Islands statt. Ein bisschen s(c)illy sind sie ja schon da drüben …

- Der Fußballer Alex Song hat 27 Geschwister – 10 Brüder und 17 Schwestern. Da kann man auch mal zu Hause ein Match bestreiten.

- Der österreichische Club SK Vorwärts Steyr hat seinem Namen leider nicht gerade alle Ehre gemacht. 1996 stieg der Verein aus der höchsten Liga ab – ohne einen einzigen Sieg! Stattdessen besagte die Bilanz: 30 Niederlagen und sechs Unentschieden mit einer Torbilanz von 25:93. Danach wurde es lange Zeit ganz schön still um den Club aus Oberösterreich.

- Der Japaner Shinji Kagawa, der auch lange beim BVB unter Vertrag stand, hat einen ganz besonderen Glücksbringer: eine rosa Unterhose.

- Zinedine Zidane wurde in seiner gesamten Karriere kein einziges Mal wegen Abseits vom Schiedsrichter zurückgepfiffen.

- 1950 soll Folgendes passiert sein: Da sich englische Journalisten nicht vorstellen konnten, dass ihr Team in Brasilien tatsächlich den USA unterlegen war, verkündeten sie kurzerhand einen 10:1-Sieg – statt der tatsächlichen 0:1-Niederlage. Na ein Glück, dass heutzutage alles live im Fernsehen übertragen werden kann!

- Im November 1987 brachte Mark Hughes ein besonderes Kunststück fertig: Er absolvierte zwei Spiele an einem Tag. Und zwar einmal ein EM-Qualifikationsspiel mit seinem Heimatland Wales und im Anschluss daran ein DFB-Pokalspiel für seinen damaligen Verein, dem 1. FC Bayern München. Dazu wurde er extra von Prag nach München geflogen – heute undenkbar.

- Jermaine Pennant musste zwischenzeitlich wegen Trunkenheit am Steuer hinter Gitter. Das hinderte ihn aber nicht daran, an einem Spiel seiner Mannschaft Tottenham Hotspur gegen Birmingham City teilzunehmen. Er hatte an dem Tag Ausgang und dank der Fußfessel konnte er sogar auflaufen.

- Zlatan Ibrahimović hat noch nie mit seinem Team den Champions League-Pokal gewonnen – obwohl er schon in sechs Vereinen gespielt hat, die den Titel bereits geholt haben.

- Dafür wurde er bereits 14 Male zum Fußballer des Jahres gewählt (davon zweimal in Italien und zwölfmal in seiner Heimat Schweden) und hat schon in vier Ländern die Meisterschaft mit seinem jeweiligen Verein geholt (Niederlande, Frankreich, Spanien, Italien).

- Ein ähnliches Schicksal teilte der brasilianische Superstar Ronaldo: Er hat die CL in seiner Karriere kein einziges Mal gewonnen, obwohl er in fünf Gewinnerteams gespielt hat.

- Algerien, Ghana, Saudi-Arabien und Südkorea sind die einzigen Mannschaften, die noch nie gegen die Briten verloren haben.

- Der kurioseste Endstand eines Spiels stammt aus den 40er Jahren: Beim Elfmeterschießen platzte der Ball in einer Partie in Brasilien. Der Schiedsrichter gab ein halbes Tor, weil das Leder zwar außen am Tor vorbeiflog, die innere Luftblase jedoch im Tor landete. Da kein weiteres Tor fiel, endete das Spiel mit 0,5:0.
- In der Schweiz gibt es ein erfolgreiches Frauen-Fußballteam, das „Young Boys" heißt.
- An Weihnachten 1915, mitten im Ersten Weltkrieg, schlossen Deutschland und England kurzzeitig einen Waffenstillstand. Die Männer spielten Fußball und überreichten sich sogar Geschenke.
- Der älteste Spieler, der jemals noch regelmäßig am Meisterschaftsbetrieb teilnahm, ist der Brasilianer Tércio Mariano De Rezende. Er war 88, als er noch als Verteidiger seines regionalen Teams auflief.
- Cristiano Ronaldo und Lionel Messi verdienen so viel Geld, dass es sich nicht für sie nicht lohnen würde, eine zwei Euro-Münze aufzuheben, wenn sie ihnen aus der Tasche fällt: Diese Summe verdienen sie nämlich innerhalb von drei Sekunden!
- Spieler aus bestimmten Ländern lassen sich oft Spitznamen auf ihre Trikots drucken – meist, weil ihre richtigen Namen zu lang oder unaussprechlich sind.
- Der Ibis Sport Club trägt auf seinen Trikots die Aufschrift „Pior Time do Mundo" (zu Deutsch: schlechtestes Team der

Welt). Wenig verwunderlich, denn: Zum 70-jährigen Jubiläum konnte der Verein eine Bilanz von 62:3550 Toren aufweisen. Der Club kam also im Durchschnitt nicht mal auf ein Tor pro Jahr, dafür aber auf rund 51 Gegentreffer.

- Früher trugen die Spieler die Trikotnummern eins bis elf. Tatsächlich ist das schon länger nicht mehr der Fall. Nicht selten trifft man daher mittlerweile die 15, 20 oder 33 in der Startaufstellung.

  Doch einige Spieler sorgten auch mit besonders kuriosen Rückennummern für Aufsehen:

- Ronaldinho wählte sein Geburtsjahr – und trug deshalb die Nummer 80, als er 2008 zum AC Mailand wechselte.
- Ähnlich hält es der Italiener Gianluigi Donnarumma – der Torwart läuft mit der 99 auf.
- Mario Balotelli lief zu seinen aktiven Zeiten mit der 45 auf – denn das sei seine Glückszahl.
- Nicklas Bendtner lief zwischenzeitlich ebenfalls mit seiner Glückszahl auf – es war die 52.

Besonders skurril sind allerdings diese beiden Rückennummern:

- Jonathan de Guzmán lief 2016 mit der Nummer 1 auf – allerdings nicht als Torwart, sondern als Mittelfeldspieler!
- Weil Ronaldo 1997 zum gleichen Verein wechselte wie Iván Zamorano, musste dieser seine Nummer 9 abtreten. Kurzerhand ließ er sich die 18 geben, bestand aber auf ein Pluszeichen zwischen der Eins und der Acht: „1+8“ war dann seine neue Nummer Neun.

Unglaubliche Statistiken & Rekorde

- Früher liefen Spieler während eines Spiels im Durchschnitt etwa drei bis vier Kilometer. Heute sind es um die 11 Kilometer. Selbst Bayerns Torwart Manuel Neuer kommt hin und wieder auf 4,5 Kilometer.
- Marco Reus musste nach seiner Nominierung in die DFB-Elf acht Spiele auf seinen ersten Einsatz als Nationalspieler warten. Grund dafür war in erster Linie sein Verletzungspech.
- Das bisher schnellste WM-Tor gelang dem Türken Hakan Şükür 2002 gegen Südkorea – binnen elf Sekunden nach Anpfiff versenkte er den Ball im gegnerischen Netz.
- Ebenfalls besonders schnell erhielt Walter Boyd eine Rote Karte. 1999 schaffte er es, den Karton zu sehen, noch bevor er überhaupt gespielt hatte. Er wurde vor einem Freistoß eingewechselt. Doch noch bevor dieser freigegeben und die Partie damit fortgesetzt wurde, rammte Boyd einem Gegner den Ellenbogen ins Gesicht und flog deshalb prompt wieder vom Platz.
- Rote Karten ... dazu gibt es noch diesen lustigen Rekord: In der andalusischen Amateurliga musste ein Schiedsrichter im Anschluss einer abgebrochenen Partie nachträglich noch satte 19 Rote Karten verteilen!
- Skurril ist auch dieser Karten-Rekord: Der Kroate Josip

Šimunić erhielt 2006 beim WM-Spiel gegen Australien drei Gelbe Karten. Wie das ging? Der Schiedsrichter hatte sich einmal einen falschen Namen notiert, sodass beim zweiten Vergehen nur Gelb statt Gelb-Rot gezeigt wurde. Das erfolgte dann erst beim dritten Mal.

- Lang war auch die Nachspielzeit dieser Partie: In einem Bezirksligaspiel zwischen BW Wesel und Dostlukspor Bottrop ließ der Schiedsrichter 28 Minuten nachspielen – da bekommt die „dritte Halbzeit" ja schon fast wieder eine ganz andere Bedeutung ...

- Über 35 Stunden Spielzeit und mehr als 600 Tore – das ist die Bilanz vom längsten Fußballspiel der Welt (Endstand: 333:293). Dabei bestritten die Cotswold Allstars 2010 ein Benefits-Match gegen den Cambray FC.

- Auch diese Partie war ganz schön torreich: Das Team aus Australien gewann im April 2001 ein Länderspiel gegen Amerikanisch-Samoa mit 31:0 – das war, aus Sicht der Gegner, die höchste Niederlage, die eine Nationalmannschaft jemals kassiert hat.

- Das Spiel führte aber noch zu einem weiteren Rekord: Der Australier Archie Thompson netzte insgesamt 13-mal ein – so häufig wie sonst keiner in einem Länderspiel.

- Wenn wir schon bei Niederlagen sind: In Madagaskar waren die Spieler von Stade Olympique l'Emyrne so unzufrieden mit dem Schiedsrichter, dass sie 2002 im Match gegen den AS Adema beschlossen, lauter Eigentore zu schießen. Dieser skurrile Protest verschaffte ihnen immerhin einen Rekord –

149 Eigentore in einer einzigen Partie. Tatsächlich war der Endstand dann auch 0:149.

- Chloe Hegland stellte im Alter von zehn Jahren einen besonderen Rekord auf: Sie berührte den Ball innerhalb von 30 Sekunden 155 Mal.

- Es gibt tatsächlich einen Rekord im Jonglieren, der es in sich hat: Der Ukrainer Nikolai Kutsenko hielt den Ball im Jahr 1995 für stolze 24 Stunden und 30 Minuten in der Luft. Bis heute hat noch niemand diesen Rekord geknackt.

- Der 1. FC Bayern hat in der ewigen Tabelle der Bundesliga eine Tordifferenz von +2.184 (4274:2090 – Stand 29.11.2021). Diesen Bundesligarekord dürfte wohl so schnell kein anderer Verein brechen. Weit abgeschlagen auf Platz zwei folgt der BVB mit einer Differenz von +732.

- Du dachtest Jens Lehmann und Claudio Pizarro waren alt, als sie sich aus der Bundesliga verabschiedet haben? Na, dann halt dich fest: Der älteste (Ex-)Bundesligaspieler ist Klaus Fichtel. Er war 43 Jahre, 6 Monate und 2 Tage alt, als er sein letztes BL-Spiel bestritt – und das als Feldspieler!

- Der bisher älteste Torschütze ist Claudio Pizarro – mit 40 Jahren, 7 Monaten und 15 Tagen traf er für Bremen gegen RB Leipzig am 18. Mai 2019.

- Er hält noch einen weiteren Rekord: „Die meisten Jahre in Folge mit Torerfolg". Pizarro traf in 21 Jahren jeweils mindestens einmal.

- Der jüngste Bundesliga-Torschütze ist der Dortmunder

Youssoufa Moukoko. Gegen Union Berlin traf er im Dezember 2020 und war damals gerade mal 16 Jahre und 28 Tage alt.

- Gerd Müller ist bisher am häufigsten Torschützenkönig in der Bundesliga geworden (insgesamt siebenmal).
- Gerd Müller, der „Bomber der Nation", hält auch den Rekord für die meisten Tore in der Bundesliga: 365 in 427 BL-Spielen – alle für den FC Bayern.
- Gerd Müller hält, wenig überraschend, ebenfalls die Rekorde für die meisten Doppelpacks insgesamt und für die meisten Doppelpacks in einer Saison.
- Er hält zudem den Rekord für die „längste Torserie in aufeinanderfolgenden Einsätzen" - und zwar 1969/1970 in 16 Spielen in Folge.
- Die meisten Tore in einem Spiel schoss der damalige Kölner Dieter Müller, nämlich sechs Stück gegen Werder Bremen.
- Den Rekord für die meisten Doppelpacks in Serie halten aktuell jedoch Tomislav Marić (Wolfsburg) und Lothar Emmerich (BVB), die jeweils an vier Spielen in Folge zweimal getroffen haben.
- Robert Lewandowski hat sich derweil drei andere Rekorde unter den Nagel gerissen: „Längste Torserie in aufeinanderfolgenden Heimspielen", "längste Torserie in aufeinanderfolgenden Auswärtsspielen" und "längste Torserie ab Saisonstart".
- Am 22. September 2015 schaffte Robert Lewandowski

zudem den schnellsten Hattrick der BL-Geschichte: Binnen vier Minuten traf er dreimal für den FC Bayern. Er legte sogar noch eine Schippe drauf: Innerhalb von insgesamt neun Minuten schaffte er sogar einen Fünferpack! An diesem Tag sicherte er sich noch zwei weitere Rekorde: schnellster Viererpack und meiste Tore nach einer Einwechslung. Sein Motto des Tages: Veni, vidi, vici.

- Den Rekord für das schnellste Bundesligator teilen sich Karim Bellarabi und Kevin Volland. Sie trafen beide jeweils nach neun Sekunden.
- Das Tor aus der größten Entfernung schoss Moritz Stoppelkamp für Paderborn. Er netzte aus 83 Metern Entfernung ins Tor der Hannoveraner ein.
- Die meisten Jokertore hat bisher Nils Petersen erzielt (30 Stück – Stand 4.12.2021).
- Thomas Müller hält den Rekord für die meisten Torvorlagen in einer Saison: 21 Stück in der Saison 2019/2020. (Anm.: Diese Statistik wird erst seit 1992/1993 geführt.)
- Die meisten Spiele als Ausländer im deutschen Oberhaus hat Claudio Pizarro absolviert: satte 490 an der Zahl!
- Manuel Neuer hält den Rekord für die meisten Bundesliga-Spiele ohne Gegentor: Bereits 208 Mal (Stand 29.11.2021) verließ er den Platz, ohne dass er hinter sich greifen musste.
- Die meisten Minuten ohne Gegentor schaffte allerdings Timo Hildebrand beim VfB Stuttgart (2003): Er hielt seinen Kasten insgesamt 884 Minuten lang sauber.

- Die meisten Platzverweise haben bisher Jens Nowotny und Luis Gustavo kassiert – jeweils achtmal mussten sie vorzeitig in die Kabine.
- Den schnellsten BL-Platzverweis erhielt allerdings Marcel Titsch-Rivero. Er musste 43 Sekunden nach seiner Einwechslung schon wieder runter vom Rasen.
- Der früheste Platzverweis wurde wiederum 2010 in der Partie Köln gegen Kaiserslautern ausgesprochen. Youssef Mohamad flog bereits in der zweiten Spielminute (nach 93 Sekunden) vom Platz – seine Kölner verloren das Spiel mit 1:3.
- Die meisten Eigentore – jeweils sechs – müssen Manfred Kaltz vom HSV und der Mainzer Nikolče Noveski auf ihren Konten verbunden.
- Die meisten Bundesliga-Siege kann Oliver Kahn für sich verzeichnen: Zwischen 1987 und 2008 ging er 310 Mal als Sieger vom Platz.
- Umgekehrt ist der Duisburger Bernhard Dietz der Spieler, der schon am häufigsten als Verlierer vom Platz geschlichen ist (221 Bundesliga-Niederlagen).
- Jupp Heynckes hat die meisten Spiele „als Spieler und Trainer" absolviert – nämlich insgesamt 1.038 Bundesliga-Spiele, davon 369 als Spieler und 669 als Trainer.
- Otto Rehhagel war als Trainer noch erfolgreicher als Oli Kahn als Spieler: Als Coach gewann er schon 390 Bundesliga-Spiele.
- Die meisten Strafstöße für eine Mannschaft in einer Partie

(vier Stück) wurden Waldhof Mannheim 1987 gegen Kaiserslautern zugesprochen.

- Die meisten Strafstöße insgesamt gab es jedoch im Match Gladbach gegen Dortmund im September 1965: Die Fohlen erhielten drei, der BVB zwei.
- Die häufigsten Ballkontakte in einem Spiel (seit Erfassung der Statistik 1999) hatte Julian Weigl am Ende der Saison 2015/2016. Er kam auf 216 Ballbesitzphasen.
- Die meisten Pässe ohne Fehlpass schaffte Kevin Vogt in der Saison 2019/2020. In einem Spiel passte er 172-mal, ohne dass der Gegner an den Ball kam.
- Einen besonderen Rekord hält Wolfgang Böhni: Er hatte die längste Pause zwischen zwei Bundesligaspielen – 16 Jahre und 245 Tage! Als 18-Jähriger stand er 1966 für den KSC auf dem Platz und schnupperte dann erst wieder 1983 mit Waldhof Mannheim BL-Luft.
- Der bislang jüngste Bundesliga-Torschützenkönig aller Zeiten ist und bleibt Gerd Müller. Er schoss in der Saison 1966/1967 28 Tore und war damals gerade mal 21 Jahre alt.
- Der bislang Älteste hingegen ist Martin Max. Der Torschützenkönig der Saison 2001/2002 war damals 33 Jahre alt.
- Der bisher erfolgreichste Torschütze unter den Torhütern ist Hans-Jörg Butt, der in seiner Karriere 26 Elfmeter verwandelt hat.
- Robert Lewandowski hat 2020/2021 ebenfalls einen neuen Rekord aufgestellt: In dieser Saison schoss er stolze 41

Bundesliga-Tore.

- Der größte Pechvogel im deutschen Fußball ist wohl Michael Ballack: In der Saison 2001/2002 hätte er locker vier Titel abstauben können, wurde aber immer nur Zweiter: Vize-Meister, DFB-Pokal-Zweiter sowie CL-Zweiter mit Bayer 04 Leverkusen – und auch bei der WM scheiterte Deutschland gegen Brasilien. Besonders bitter: Wegen einer Gelbsperre durfte Ballack nicht mal am Spiel teilnehmen.
- Der FC Bayern hat bisher schon 30 Meistertitel gewonnen. Den Rekord verteidigt der Verein mit großem Abstand. Dortmund und Gladbach folgen mit jeweils „nur" fünf Meisterschaften.
- Auch die meisten Titel in Folge darf der FCB für sich verbuchen – neun an der Zahl.
- Wenig überraschend sind auch die Spieler mit den meisten gewonnenen Meistertiteln aus dem Bayern-Kader: Thomas Müller und David Alaba (mit jeweils 10).
- Den größten Vorsprung als Meister können ebenfalls die Münchener vorweisen: 25 Punkte am Ende der Saison 2012/2013.
- Eine Saison später folgte am 27. Spieltag schon der nächste Rekord: „Früheste Meisterschaft".

Kuriose Sprüche & lustige Zitate

- „Wir spielen am besten, wenn der Gegner nicht da ist." – Otto Rehhagel
- Man kann das Ganze natürlich auch noch viel philosophischer ausführen. Wie schon Jean-Paul Sartre seinerzeit wusste: „Im Fußball verkompliziert sich alles durch das Vorhandensein der gegnerischen Mannschaft."
- „Die ersten 90 Minuten sind die schwersten." – Bobby Robson
- Nach mehreren Niederlagen in Folge hielt der Trainer von TSV 1860 München eine besondere Besprechung: Er machte mit dem Team einen Stadion-Rundgang. Dabei erklärte er: „So, Jungs, wo die Fotografen und die Fernsehkameras sind, wisst ihr ja. Und nun zeige ich euch noch, wo die Tore stehen."
- „Gut, er hat drei Tore geschossen. Aber abgesehen davon hatte ich ihn ganz gut im Griff." – Michael Duberry
- „Die Karten sind neu gewürfelt." – Oliver Kahn (Nun ja, zum Glück spielt man Fußball weder mit Karten noch mit Würfeln ...)
- „Er hat gezeigt, dass er in einer Minute ausgewechselt werden will." – Christoph Daum über Ulf Kirsten, der den

Mittelfinger gehoben hatte.

- „Es muss eine Kehrtwende geben. Und die muss 360 Grad sein." – Eduard Geyer. Setzen, Sechs!
- „Jede Seite hat zwei Medaillen!" – Mario Basler. So oder so ähnlich, ja ...
- „Meine Spieler können 50 Meter-Pässe schießen, 5 Meter weit und 45 Meter hoch." – Uwe Klimaschewski. Oder auch: Jeder Amateur-Trainer, immer!
- „Man muss nicht immer das Salz in der Suppe suchen." – Philipp Lahm
- „Ich hoffe, dass dieses Spiel nicht mein einziges Debüt bleibt." – Sebastian Deisler
- „Ich weiß auch nicht, wo bei uns der Wurm hängt." – Fabrizio Hayer
- „So, jetzt alphabetisch der Größe nach aufstellen!" – Archie Kox. Genau und bitte noch die Trikotnummern nach Farben sortieren.
- „I am a german record player!" – Lothar Matthäus
- „Ich glaube nicht, dass mir der Verein Steine in den Vertrag legt." – Torsten Legat. Na ein Glück, das wäre sonst ziemlich schweres Dokument geworden ...
- „Ich glaube, dass der Tabellenerste jederzeit den Spitzenreiter schlagen kann." – Berti Vogts
- „Eine Straßenbahn hat mehr Anhänger als Uerdingen." – Max Merkel

- „Das war europäische Weltklasse!" – Felix Magath
- „Wir müssen gewinnen, alles andere ist primär." – Hans Krankl. Ach ja, die lieben Fremdwörter …
- „Die Kroaten sollen ja auf alles eintreten, was sich bewegt – da hat unser Mittelfeld ja nichts zu befürchten." – Berti Vogts (1998 als Bundestrainer vor dem WM-Spiel gegen Kroatien)
- Auch Comedians haben bisweilen gute Fußballsprüche drauf: „Bei der Fußball-WM habe ich mir Österreich gegen Kamerun angeschaut. Auf der einen Seite Exoten, fremde Kulturen, wilde Riten und auf der anderen Seite Kamerun!" – Dieter Nuhr
- „Wir wollten in Bremen kein Gegentor kassieren. Das hat auch bis zum Gegentor ganz gut geklappt." – Thomas Häßler
- „Die schönsten Tore sind diejenigen, bei denen der Ball schön flach oben rein geht." – Mehmet Scholl
- „Ich habe viel von meinem Geld für Alkohol, Weiber und schnelle Autos ausgegeben. Den Rest habe ich einfach verprasst." – George Best
- „Der Jürgen Klinsmann und ich, wir sind ein gutes Trio. Ich meinte Quartett." – Fritz Walter Junior
- „Zwei Chancen, ein Tor – das nenne ich hundertprozentige Chancenauswertung." – Roland Wohlfarth. Nun ja … die Chance war 50:50, diesen Satz richtig zu beenden …
- „Jetzt müssen wir die Köpfe hochkrempeln. Und die Ärmel natürlich auch." – Lukas Podolski

- „In letzter Konsequenz waren wir nicht konsequent genug." – Karl-Heinz Rummenigge
- „Da geht er, ein großer Spieler. Ein Mann wie Steffi Graf." – Jörg Dahlmann
- „Fußball ist ein Spiel von 22 Leuten, die rumlaufen, und am Ende gewinnt immer Deutschland." – Gary Lineker. Das lassen wir doch gerne mal so stehen.
- „Sollten Sie dieses Spiel atemberaubend finden, dann haben Sie es an den Bronchien." – Marcel Reif
- „Wenn man ein 0:2 kassiert, dann ist ein 1:1 nicht mehr möglich." - Aleksander Ristic. Gut erkannt, Sherlock!
- „Ob Felix Magath die Titanic gerettet hätte, weiß ich nicht. Aber die Überlebenden wären topfit gewesen." – Jan Åge Fjørtoft
- „In der ersten Halbzeit haben wir ganz gut gespielt, in der zweiten fehlte uns die Kontinu ..., äh Kontuni ..., ach, scheiß Fremdwörter: Wir waren nicht beständig genug!" – Pierre Littbarski
- „Ich sage nur ein Wort: Herzlichen Dank!" – Horst Hrubesch
- „Alles hat gestimmt: Das Wetter war gut, die Stimmung war gut, der Platz war gut – nur wir waren schlecht." – Dariusz Wosz
- „In Spanien gibt es für eine Niederlage drei Gründe: Entweder war der Wind zu stark, die Sonne zu heiß oder die gestifteten Kerzen in der Kirche waren zu kurz." – Max Merkel

- „It's not a wish concert." – Jürgen Klopp
- „Der Grund war nicht die Ursache, sondern der Auslöser." – Franz Beckenbauer hat das Problem ganz genau erkannt.
- „Ein Denkmal will ich nicht sein, darauf scheißen ja nur die Tauben." – Toni Polster
- Ebenfalls Toni Polster: „Ich bin Optimist. Sogar meine Blutgruppe ist positiv."
- „Ich habe als Kind immer gedacht, dass der Lotoma heißt – und Thäus mit Nachnamen. Dann habe ich im Fanshop angerufen und gesagt, ich hätte gern ein Trikot mit der 10, Lotoma. Und da haben die gesagt, es gibt keinen Lotoma." – Julian Nagelsmann (über sich als Lothar Matthäus-Fan)
- „Ich fliege irgendwo in den Süden – vielleicht nach Kanada oder so." – Mehmet Scholl
- „Ein drittel mehr Geld? Nee, ich will mindestens ein Viertel!" – Horst Szymaniak
- „Wir haben genügend Potenz für die Bundesliga." – Steffen Baumgart
- „Bayern München war auf Vollgasmodus. Der Lamborghini war vollgetankt und unser Trabi war ein bisschen leer." – Pirmin Schwegler nach der 0:4-Niederlage seines Teams Hannover 96
- „Um als Verteidiger einen Doppelpack zu machen, muss schon viel zusammenkommen. Ich zocke oft FIFA. Da stelle ich mich immer in den Sturm. Vielleicht bringt das was."

– Ayhan, nachdem er gegen Freiburg zwei Tore geschossen hatte.

- Kommen wir doch mal zum Thema Freud'sche Versprecher ... davon konnte der Schalke-Trainer Domenico Tedesco nach dem Heimsieg (2019) gegen Mainz ein Lied singen: „Uns hatte am Ende auch etwas die Kraft gefehlt. Wir hatten gewichst." Was er eigentlich sagen wollte: „Wir hatten gewisse Wechsel."
- „The first half was simply Scheiße." – Andrej Kramarić
- „Das kann schon einen Schub geben. Aber ich kann jetzt nicht jede Woche ein Kind bekommen. Ich muss probieren, das irgendwie anders zu kompensieren." – VfL Wolfsburg-Schütze Renato Steffen über den Einfluss der Geburt seines Kindes auf seine Leistung
- „Mein kleines Stoßgebet an den Fußball-Gott: Mal wieder über Sinsheim abbiegen!" – Julian Nagelsmann nach einem Spiel mit katastrophaler Chancenauswertung
- „Beim KSC erwecken sie clevererweise den Eindruck, sie würden den Klassenverbleib anstreben. Ich war in Karlsruhe und habe mich im Wildparkstadion in den VIP-Bereich verlaufen. Wer seinen Gästen so etwas zu essen gibt, der will aufsteigen." – Jürgen Klopp
- „Beim ersten Interview war ich sehr enttäuscht. Beim Zweiten, zehn Minuten später, ging es schon besser. Wenn ich noch eine halbe Stunde warte, dann habe ich wahrscheinlich das Gefühl, dass wir gewonnen haben." – Jürgen Klopp

- „Ich hab‘ meinen Spielern in der Pause gesagt: „Wenn wir schon mal hier sind, können wir doch eigentlich auch ein bisschen Fußball spielen.“ – Jürgen Klopp
- „Ich habe es in meiner aktiven Karriere leider nicht geschafft, auf dem Platz das zu bringen, was sich in meinem Gehirn abgespielt hat. Ich hatte das Talent für die Landesliga und den Kopf für die Bundesliga – herausgekommen ist die zweite Liga.“ – Jürgen Klopp über seine Spielerkarriere
- „Das war so großartig, die Leute freuen sich ein zweites Loch in den Allerwertesten.” – Jürgen Klopp
- „Der Einzige, der das wirklich gar nicht witzig fand, war Marcel Reif, aber der findet in seinem Leben sowieso nichts mehr witzig.“ – Jürgen Klopp
- Natürlich ist Kloppo auch ganz souverän in der englischen Sprache unterwegs. Wobei er ja von sich selbst behauptet hatte: „My English is under all pig.”
- „Das Chancenplus war ausgeglichen.” – Lothar Matthäus
- „Das war ganz sicher keine Ohrfeige, ich war ja dabei.“ – Lothar Matthäus über den Streit mit Bixente Lizarazu
- „Ein Lothar Matthäus lässt sich nicht von seinem Körper besiegen, ein Lothar Matthäus entscheidet selbst über sein Schicksal.“ – Ach, Lothar …
- Selbstverständlich hatte Lothar Matthäus auch eine ganz klare Vorstellung davon, wie es bei Christoph Daum nach dessen Kokaingeständnis (vgl. Kapitel 4) weitergehen sollte: „Wichtig ist, dass er nun eine klare Linie in sein Leben

bringt."

- „Wir spielen Louis van Löw." – Thomas Müller erklärt die Team-Taktik.
- Auch Thomas Müller: „Wer mich kennt, der weiß, dass ich mehr meinem Instinkt folge als Anweisungen von Trainern."
- „Ich habe Maradona aus zeitlichen Gründen nicht mehr so erlebt." – Das hat der Thomas Müller (geboren 1989) eigentlich ganz gut auf den Punkt gebracht ...
- „Langsam habe ich das Gefühl, dass ich mit meinem linken Fuß mehr anfangen kann, als nur Bier zu holen." – Thomas Müller
- „Des interessiert mich ois net, der Scheißdreck. Weltmeister samma. Den Pott hamma. Den scheiß goldenen Schuh kannst dir hinter die Ohren schmier'n." – Thomas Müller sah es 2014 wohl nicht allzu eng, dass er nicht zum erfolgreichsten Torschützen gekürt wurde.
- „Wir haben das Kapitel Nationalmannschaft endgültig auf den Grund gefahren." – Oliver Kahn
- „Ich rotiere höchstens, wenn ich Opfer des Rotationsprinzips werde." – Oliver Kahn
- Wenn du mal kurz vergisst, wo du bist, denk an Oliver Kahn, der nach seinem Hand-Tor im gegnerischen Strafraum schlicht erklärte: „Ich dachte, der Torwart darf im Strafraum die Hände benutzen."

- „Die Bremer sollen ruhig oben stehen bis Weihnachten. Aber der Nikolaus war noch nie ein Osterhase. Am Ende wird der FC Bayern wie immer vorne sein." – Uli Hoeneß
- „In der Halbzeit habe ich gedacht, wir werden höchstens Hausmeister." – Uli Hoeneß
- „Ich glaube nicht, dass wir das Spiel verloren hätten, wenn es 1:1 ausgegangen wäre." – Uli Hoeneß hat das Prinzip verstanden ...
- Mehmet Scholl hat nur vor zwei Sachen Angst: „Vor Krieg und Oliver Kahn."
- „Ich werde nie Golf spielen. Erstens ist das für mich kein Sport, und zweitens habe ich noch regelmäßig Sex." – Mehmet Scholl
- „Wenn ich in den Spiegel schaue, sehe ich 67 Kilo geballte Erotik." – Mehmet Scholl
- „Wie lange Lothar Matthäus mit seinen 38 Jahren noch spielt, ist für uns alle eine bewegende Frage. Wenn ich ihn und seine Fitness so sehe, würde ich sagen – warum nicht noch mit 60, wenn er das mit seinem Job als Bundeskanzler vereinbaren kann." – Mehmet Scholl
- „Jetzt sieht er aus wie ein frisch lackierter Totalschaden!" – Mario Basler über die frisch geschorene Glatze von Christian Ziege.
- „Ich habe immer gesagt, dass ich kein Dauerläufer bin, sonst könnte ich ja gleich beim Marathon starten." – Mario Basler

- „Dazu müsste erst mal ein Bundestrainer zum Betzenberg kommen. Der Letzte war meines Wissens Sepp Herberger." – Mario Basler zur Frage, ob er sich vorstellen könne, für die Nationalmannschaft berücksichtigt zu werden.

- „Eigentlich bin ich ein Supertyp. Aber ich kann wohl auch ein richtiger Arsch sein!" – Mario Basler

- „Fußball ist wie Schach – nur ohne Würfel." – Jan Böhmermann als „Poldi" in seiner Radio-Rubrik „Lukas' Tagebuch"

- „Mir ist egal, ob die schlechte Verlierer sind. Die fahren jetzt nach Hause." – Lukas Podolski

- „Ich habe nie an unserer Chancenlosigkeit gezweifelt." – Richard Golz

- „Es war ein wunderschöner Augenblick, als der Bundestrainer sagte: ‚Komm Stefan, zieh deine Sachen aus, jetzt gehts los.'" – Steffen Freund

- „Da muss dann auch mal einer die Hand ins Heft nehmen." – Thomas Helmer

- „Das nächste Spiel ist immer das nächste." – Matthias Sammer

- Den Beweis, dass doppelt gemoppelt besser hält, brachte Mario Basler, als er erklärte: „Das habe ich ihm dann auch verbal gesagt."

- „Wenn ich den Martin Schneider weiter aufstelle, glauben die Leute am Ende wirklich noch, ich sei schwul." – Friedel Rausch (1. FC Kaiserslautern)

- „Das ist Schnee von morgen." – Jens Jeremies
- „Das Einzige, was sich nicht geändert hat, ist die Temperatur – es ist kälter geworden." – Gerhard Delling
- „Alle wollen an meine Haare!" – Günter Netzer
- „Ich kann die Karotte am Ende des Tunnels sehen." – Stuart Pearce (englischer Nationalspieler)
- „Wenn man das erste Spiel verliert, ist das immer ein Fehlstart." – Simon Rolfes
- „Wenn wir hier Punkte mitgenommen hätten, wäre das Diebstahl gewesen." – Stig Tøfting
- „Es ist nicht immer alles wahr, was stimmt." – Stefan Wessels
- „Netzers Kommentare sind wie sein Haarschnitt – langweilig." – Stefan Effenberg
- „Ich bin prima in die Mannschaft intrigiert worden." – Thorsten Legat
- „Jeder sollte an irgendetwas glauben. Und wenn es an Fortuna Düsseldorf ist." – Campino (Sänger der Band „Die Toten Hosen")
- „Sie beneiden mich, weil ich reich, schön und ein großer Fußballer bin." – Cristiano Ronaldo
- Die Engländer brauchen Regen, wenn sie Weltmeister werden wollen." – Roque Santa Cruz
- „Ich werde sicher nebenbei studieren, damit ich nicht komplett verblöde." – Alessandro Riedle

- „Sie sollten das Spiel nicht zu früh abschalten. Es kann noch schlimmer werden." – Heribert Faßbender
- „Auch größenmäßig ist es der größte Nachteil, dass die Torhüter in Japan nicht die allergrößten sind." – Claus Lufen
- „Wenn man ihn jetzt ins kalte Wasser schmeißt, könnte er sich die Finger verbrennen." – Gerhard Delling
- „Ja, Statistiken. Aber welche Statistik stimmt schon? Nach der Statistik ist jeder 4. Mensch ein Chinese, aber hier spielt gar kein Chinese mit." – Werner Hansch
- „Was nützt die schönste Viererkette, wenn sie anderweitig unterwegs ist." – Johannes B. Kerner
- „Wer hinten so offen ist, kann nicht ganz dicht sein." – Werner Hansch und ein Spruch, den man wohl nicht nur beim Fußball bringen kann.
- „Für alle Zuschauer, die erst jetzt eingeschaltet haben, das erste Tor ist schon gefallen." – Günther Jauch kommentiert gewohnt trocken die Geschehnisse um ihn herum. In dem Fall das Spiel Real Madrid gegen den BVB, kurz nachdem das Tor einfach umgekippt ist.
- „Diesen deutschen Spieler kann kein Mensch aussprechen, ich muss mal auf meine Liste schauen: Shi-wai-nu-shi-tai-gari. Nennen wir ihn einfach ‚das Lachsgesicht mit der Bürste auf dem Kopf'." – Kiyoshi Inoue (japanischer Kommentator), der den Namen „Schweinsteiger" nicht aussprechen konnte und kurzerhand eine andere Lösung fand.

- „Das Spiel ist jetzt auf hohem Niveau. Allerdings mehr, was die Höhe des Balles betrifft." – Gerd Delling
- „Da kam das Elfmeterschießen. Wir hatten alle die Hosen voll, aber bei mir lief´s ganz flüssig." – Paul Breitner bei der Fußball-Weltmeisterschaft 1974 in Deutschland
- „Ich sehe in der Bundesliga Spieler, denen springt beim Stoppen der Ball weiter vom Fuß, als ich ihn jemals schießen konnte." – Horst Köppel
- „Was soll der Scheiß, ich kann kein Englisch." – Francesco Totti über das Motto „Carpe Diem".

  Da war er wohl mit seinem Latein am Ende.
- „Andere erziehen ihre Kinder zweisprachig, ich beidfüßig." – Christoph Daum

Exklusiv - Fußballspruch des Jahres

Ganz besonders lustige oder schräge Sprüche schaffen es, zum Fußballspruch des Jahres gewählt zu werden. Ein bisschen wie das Jugendwort und das Unwort des Jahres – nur, dass man mit diesen Sprüchen tatsächlich auch etwas anfangen kann.

- „Ein Spiel ist erst vorbei, wenn der Schiedsrichter pfeift und ich nicht mehr brülle." – Steffen Baumgart, 2021
- „Wer es nicht schafft, gegen den HSV zu punkten, sollte nicht auf dem Rücken eines Flüchtlings, der niemandem etwas getan hat, versuchen, einen Vorteil herauszuholen, sondern besser auf die eigenen sportlichen Fehler schauen." – Daniel Thioune, 2020

- „Ich bin Profi. Ich stelle nach Schwanzlänge auf." – Imke Wübbenhorst (erste Trainerin einer Männer-Oberligamannschaft), 2019
- „Die Schweden sind wie die Mittdreißiger in der Disco: Hinten reinstellen und warten, ob sich was ergibt." – Thomas Hitzlsperger, 2018
- „Wir danken der Mannschaft, dass sie uns auch in dieser Saison so zahlreich hinterher gereist ist." – Schalker Fans, 2017
- „Ich habe dem Linienrichter meine Brille angeboten. Aber auch das hat er nicht gesehen." – Peter Stöger, 2016
- „München ist wie ein Zahnarztbesuch. Muss jeder mal hin. Kann ziemlich wehtun. Kann aber auch glimpflich ausgehen." – Sebastian Prödl, 2015
- „Ich hoffe, dass ich 90 Jahre alt werde. Dann kann ich sagen, ich hätte 100 werden können. Aber ich habe in Nürnberg gearbeitet." – Gertjan Verbeek, 2014
- „Links ist ähnlich wie rechts, nur auf der anderen Seite." – Patrick Funk, 2013
- „Ich hatte zwischendurch Angst, dass er sich wund liegt und mal gewendet werden muss." – Mehmet Scholl, 2012
- „I think we have a grandios Saison gespielt!" – Roman Weidenfeller, 2011
- „Im Kölner Stadion ist immer so eine super Stimmung, da stört eigentlich nur die Mannschaft." – Udo Lattek, 2010

Die größten Skandale

Kommen wir nun zu ein paar Skandalen in der Fußballwelt – an dieser Stelle schon mal vorab: Einige davon haben es wirklich in sich …

SKANDALE AUS ALLEN ECKEN DER FUSSBALLWELT

- Der wohl nach wie vor bekannteste Skandal ist und bleibt „die Hand Gottes" – sicherlich hast du schon mal davon gehört: Im WM-Viertelfinale 1986 beförderte Diego Maradona den Ball ins Tor – allerdings nicht mit dem Kopf, wie der Schiedsrichter dachte, sondern mit der Hand.
- 1995 sorgte dann der Franzose Eric Cantona für Furore: Als er mit Manchester United gegen Crystal Palace spielte, streckte er einen Zuschauer, der ihn zuvor angespuckt und beleidigt haben soll, mit einem Kung-Fu-Tritt nieder. Vielleicht hat er zu dieser Zeit über einen Karrierewechsel nachgedacht …
- Ein weiterer Franzose, der Aufsehen erregte, ist Zinedine Zidane. Im WM-Finale 2006 streckte er den Italiener Materazzi mit einer Kopfnuss nieder, als dieser Zidane provozierte.
- Bereits vor dem eigentlichen Turnier war die WM 2006 in aller Munde – vor allem wegen der Qualifikationsspiele der

Türkei gegen die Schweiz. Letztere verlor zwar das Rückspiel mit 4:2 in der Türkei, kam aber aufgrund des vorangegangenen 2:0-Sieges dennoch eine Runde weiter. Die Türkei schied aus. Nach dem Rückspiel kam es allerdings zu einer Massenschlägerei zwischen Spielern und Betreuern beider Mannschaften im Kabinengang.

- Auch in Italien gab es schon den einen oder anderen (Finanz)Skandal: So etwa 2006, als Turins Sportdirektor Luciano Moggi ein Manipulationsskandal auf die Füße fiel: Er hatte versucht, Juventus' Titel zu erkaufen.

- Die englische Fußballlegende Wayne Rooney hat ebenfalls ein Händchen dafür, negativ aufzufallen – vor allem neben dem Platz: Der einstige Nationalspieler schaffte es schon mehrmals durch Fremdgeh-Skandale auf die Titelseiten diverser (Sport)Magazine und Zeitungen.

- Im Achtelfinalhinspiel des Europapokals 1971 wurde der Inter Mailand-Stürmer Roberto Boninsegna von einer Limonadendose getroffen und schwer verletzt – das Spiel musste abgebrochen werden und wurde später gänzlich annulliert. Bitter für den Gegner aus Gladbach, denn: Das Hinspiel hatten die Fohlen deutlich gewonnen (7:1). Das Rückspiel jedoch verloren (4:2) und schieden demnach aus dem Wettbewerb aus.

- 2009 zitterte sich Frankreich durch die Qualifikation für die WM in Südafrika. Beim Spiel gegen Irland dann das: Durch ein vorangegangenes Handspiel von Thierry Henry konnte William Gallas ein Tor gegen die Iren erzielen – Frankreich war damit qualifiziert. Henry räumte den Fehler zwar ein, allerdings erst nach dem Spiel.

- Franck Ribéry schafft es sogar gleich zweifach auf diese Liste: Zum einen sorgte er 2009 für Negativschlagzeilen, als bekannt wurde, dass er sich mit einer minderjährigen Prostituierten vergnügt hatte. Laut eigener Aussage dachte er, sie sei über 18 und wurde vom Gericht freigesprochen.
- Zum anderen sorgte er 2019 mit dem „Steak-Gate" für einen Skandal: Nicht nur, dass er ein in Blattgold gehülltes Steak aß und damit angab – er beschimpfte später auch jene, die ihn für diese Protzerei kritisierten.
- Rafael van der Vaart fiel ebenfalls neben dem Platz unangenehm auf: Zum Jahreswechsel 2012/2013 soll er seiner damaligen Ehefrau Sylvie bei einem Streit einen so heftigen Schlag verpasst haben, dass diese zu Boden stürzte – kurze Zeit später gab das Paar seine Trennung bekannt.
- In diesem Zusammenhang sorgte Van der Vaart für weitere Negativschlagzeilen: Kurze Zeit später kam er mit Sylvies bester Freundin zusammen – und soll mit ihr sogar schon während der Ehe mit Sylvie fremdgegangen sein.
- 2014 schockierte Luis Suárez die Fußballwelt während der WM: Er hatte seinen italienischen Gegenspieler gebissen! Und das war nicht das erste Mal, dass sich seine Zähne in einen Gegner verirrten …
- Noch nicht allzu lange her ist derweil das „Barçagate": 2020 soll der FC Barcelona eine Firma beauftragt haben,

Schmutzkampagnen gegen einige der eigenen Leute – darunter auch namhafte Spieler wie Puyol, Piqué und Messi – zu führen. Der Verein versuchte, dies zu vertuschen, doch viele sehen eine direkte Verbindung zu Josep Maria Bartomeu, dem damaligen Präsidenten des Clubs. Später trat dieser zurück.

- Szabolcs Huszti sorgte 2012/2013 für Schlagzeilen: Zuerst bekam er fürs Trikot ausziehen die gelbe Karte. Direkt danach folgte gelb-rot, weil er auch noch oben ohne auf den Zuschauerzaun geklettert war. Doch auch mit einer skurrilen Verletzung sorgte er schon für Aufsehen (s. Kapitel 5).

SKANDALE AUS FUßBALL-DEUTSCHLAND

Doch auch der deutsche Fußball hat in Sachen Skandale einiges zu bieten ...

- Im Juli 1987 verpasste der HSV-Torhüter Uli Stein dem Bayern-Stürmer Jürgen Wegmann einen Faustschlag ins Gesicht. Wenig überraschend sah er daraufhin die Rote Karte – und wurde beim HSV entlassen.
- Stefan Effenberg, beispielsweise kann gleich mit mehreren Skandalen aufwarten: 1994 zeigte er einigen Fans im Spiel gegen Südkorea den Mittelfinger.
- In den 2000ern sorgte er mehrfach für Schlagzeilen, weil er in Konflikt mit den Gesetzeshütern geriet: Er soll Polizeibeamte mehrfach angepöbelt haben – unter anderem, als er

2007 nach dem Oktoberfest wegen Trunkenheit am Steuer angehalten wurde.

- Auch Marco Reus fiel negativ hinterm Steuer auf: Er wurde dabei erwischt, wie er ohne Führerschein fuhr. Er musste den Schein nachholen und eine Geldstrafe zahlen.

- Christoph Daum wurde dagegen nachgewiesen, dass er Drogen konsumiert hatte – er wurde 2000 als Trainer von Bayer Leverkusen entlassen.

- Kurios ist auch dieser Vorfall aus dem Jahr 2005: Duisburgs Trainer Norbert Meier täuschte vor, eine Kopfnuss von dem Kölner Albert Streit bekommen zu haben, und ließ sich theatralisch fallen. Er wollte damit eine Rote Karte provozieren. Dumm nur, dass Videoaufnahmen ihn der Schauspielerei überführten – und er stattdessen ein dreimonatiges Berufsverbot bekam.

- Paolo Guerrero, damals beim HSV unter Vertrag, warf 2010 nach dem Heimspiel gegen Hannover 96 mit einer Trinkflasche nach einem Fan, der ihn beleidigt haben soll. Der Mann wurde zwar nicht verletzt, Guerrero aber dennoch für fünf Spiele gesperrt.

- 2013 sorgte Uli Hoeneß für den wohl größten Finanzskandal im deutschen Fußball: Er zeigte sich selbst wegen Steuerhinterziehung an und musste anschließend ins Gefängnis.

- Auch der SC Paderborn hat es in die Skandalliste geschafft, genauer gesagt der damalige Spieler Nick Proschwitz. Er hatte sich 2016 während eines Trainingslagers in der Türkei vor einer Frau entblößt – in der Hotellobby!

- Der FC Schalke 04 fiel 2020 negativ auf: Nachdem Youssoufa Moukoko den 3:1-Sieg des BVB-U19-Teams gegen die Schalker besiegelte, wurde er von anwesenden Fans beleidigt und bedroht – einige der Äußerungen sollen rassistisch gewesen sein. Dies wurde von den Königsblauen dementiert – eine Geldstrafe und die Aufforderung, den Sachverhalt aufzuklären, gab es aber trotzdem.

- Ebenfalls mit Rassismusvorwürfen konfrontiert, sah sich der FC Bayern München – genauer gesagt dessen Nachwuchsleistungszentrum: Dort soll es schon seit Jahren immer wieder zu rassistischen und homophoben Äußerungen gekommen sein. Nach entsprechendem Medienrummel wurden Untersuchungen durchgeführt, teilweise von der Abteilung Staatsschutz der Münchner Polizei. Ein Mitarbeiter wurde entlassen, weitere Umstrukturierungsmaßnahmen angekündigt.

- Kurz vor der WM 2018 sorgte Mesut Özil für Negativschlagzeilen en masse: War er zuvor bereits durch seine teilweise eher mangelhafte Leistung kritisiert worden, kam nun noch (aus Sicht der Medien und vieler Fans) ein politischer Fauxpas hinzu: Er traf den türkischen Präsidenten Erdoğan. So weit, so unproblematisch. Özil überreichte ihm jedoch ein signiertes Trikot, zu dem er „Mein Präsident" schrieb. Unverständnis auf deutscher Seite: Nicht nur, dass sich Özil mit Beginn seiner DFB-Karriere für die deutsche und gegen die türkische Nationalmannschaft entschieden hatte – er hat ja auch, wie viele damals anmerkten, eigentlich einen „anderen“ Präsidenten: Frank-Walter Steinmeier.

SCHIEDSRICHTER-SKANDALE

Nicht nur Spieler und Trainer sorgen auf (oder neben) dem Platz für Aufstehen, sondern auch die eigentlich Unparteiischen.

- Am 23. April 1994 gewann der 1. FC Bayern München 2:1 gegen den 1. FC Nürnberg – der Aufreger daran: Eines der beiden Tore war eigentlich gar keins! Der Linienrichter hatte nicht gesehen, dass der Ball im Gemenge nicht ins Tor gekullert war, sondern am Pfosten vorbei.
- Ähnlich erging es Hoffenheim 2013 gegen Leverkusen: Die Mannschaft verlor 2:1, weil ein Schuss der Leverkusener von außen durch ein Loch im Netz ins Tor gelangte und als reguläres Tor gewertet wurde.
- Apropos Schiedsrichter – einer der bekanntesten Skandale des deutschen Fußballs hängt mit dem Nachwuchstalent Robert Hoyzer zusammen: Der beraubte sich selbst einer großen Karriere, weil er sich bestechen ließ und Spiele im wahrsten Sinne des Wortes verpfiff.
- In der Champions League-Partie Schalke gegen Basel gewannen die Schalker 2:0, doch beim ersten Treffer standen gleich FÜNF Königsblaue im Abseits – unbemerkt von Schieds- und Linienrichtern. Für viele die „Krönung“ in einem Spiel voller Pleiten, Pech und Pannen seitens der Unparteiischen.

- Auch im Spiel Argentinien gegen Mexiko im WM-Achtelfinale 2010 spielte ein Abseitstor eine entscheidende Rolle – zugunsten der Mexikaner.
- Im Champions League-Spiel Paris Saint-Germain gegen Istanbul Başakşehir sorgte 2020 indes der vierte Offizielle für einen Rassismus-Eklat: Der Rumäne Sebastian Colțescu soll Istanbuls Co-Trainer mit nigerianischen Wurzeln beleidigt haben – das Spiel wurde abgebrochen und der Vorfall gründlich untersucht.
- 2002 hingegen brachte der Schiedsrichter Byron Moreno eine ganze Nation gegen sich auf: Er verpfiff im wahrsten Sinne des Wortes das WM-Achtelfinale Italien – Südkorea derart, dass sich die Asiaten in der 117. Spielminute schließlich mit 2:1 gegen die verbliebenen zehn Italiener durchsetzen konnten. Seit 2003 durfte Moreno keine Spiele mehr leiten.
- Und auch Moreno schafft es gleich doppelt in die Liste: Nach seiner Schiri-Karriere sorgte er 2010 für einen weiteren Skandal – er wurde in den USA wegen Drogenschmuggels festgesetzt.
- Tatsächlich sind die Unparteiischen aber auch öfter mal die Opfer skandalträchtigen Verhaltens geworden – so etwa Anders Frisk, dem 2004 beim Champions League-Spiel Kiew gegen Rom eine Münze mit voller Wucht an den Kopf geworfen wurde, nachdem er Roms Verteidiger berechtigterweise die Rote Karte gezeigt hatte. Er hatte dadurch eine Platzwunde an der Stirn.

Skurrile Verletzungen

- Mal locker zum warm werden – auch Profis sind nicht vor Missgeschicken gefeit. Enner Valencia musste für einige Spiele passen, weil er sich den großen Zeh aufgeschlitzt hatte – an den Scherben einer Tasse, die er zuvor fallen ließ. Der Schnitt war so tief, dass Valencia in die Notaufnahme gebracht und dort genäht werden musste.
- Der Torhüter Kevin Trapp kann da locker mithalten. Er brach sich mehrere Knochen in der Hand und den Fingern – aber nicht etwa im Spiel oder Training, sondern bei Werbeaufnahmen für den DFB! Mit seinen Stollenschuhen war er auf dem glatten Boden ausgerutscht und hingefallen.
- Können Schiedsrichter eigentlich auch eine Karte bekommen? Beim Spiel gegen Aalen bekam der 1860 Münchener Daniel Bierofka die Nase gebrochen. Das passierte allerdings nicht im Zweikampf mit einem Gegenspieler, sondern durch einen unglücklichen Zusammenprall mit dem Schiri.
- Marko Arnautovic riss sich 2012 das rechte Innenband, als er mit seinem Hund spielte und dabei im Rasen hängen blieb.
- Normalerweise lacht man(n) ja gerne mal über Frauen am Steuer, doch auch manchen Kickern passieren Missgeschicke hinterm Lenkrad: Éver Banega beispielsweise hatte beim Tanken nicht daran gedacht, die Handbremse seines Wagens zu ziehen, woraufhin dieser ihm über den Fuß rollte und dem Argentinier einen Knöchelbruch bescherte.

- Martin Palermo hatte sich zu früh gefreut: Nach einem Tor für Villareal jubelte er vor den Fans. Die stürmten in Richtung Bande, woraufhin eine der Werbebanden tatsächlich umfiel und den Kicker traf. Resultat der Aktion: Schien- und Wadenbeinbruch.
- Alan Tate hatte 2011/2012 ebenfalls mit einem Schienbeinbruch zu kämpfen. Er hatte einen Unfall mit einem Golfwagen.
- Schuster, bleib bei deinen Leisten! Diese Lektion hat auch Adam Nemec gelernt. Der damalige Rote Teufel (Kaiserslautern) versuchte sich am heimischen Kirschbaum im Klettersport – und brach sich prompt das Schlüsselbein und zwei Brustwirbel.
- 1985 musste Michael Blättel seinem Saarbrücker Trainer eine schlechte Neuigkeit überbringen: Er hatte sich morgens beim Aufstehen verrenkt und dabei den Ischiasnerv eingeklemmt – zumindest war das die offizielle Begründung.
- Logan Bailly hält wohl nicht alles! Der damalige Gladbach-Keeper brach sich den Fuß, weil er eine Klimaanlage aus seinen Händen gleiten ließ. Nun ja, die wiegt auch ein bisschen mehr als ein Fußball ...
- Markus Pröll hat seinen (kleinsten) Fans eine besonders kuriose Verletzung zu verdanken. Als sie ihn umzingelten und er vor ihnen flüchten wollte, fiel Pröll über ein kleines Mädchen und musste anschließend eine lange Pause einlegen – wegen einer Schultereckgelenk-Sprengung.

- Stefan Kuntz, damals noch ein Laut'rer Bub, hatte sich 1991 einen dreifachen Bänderriss zugezogen, als er beim Aussteigen aus dem Teambus umknickte.
- Charles Akonnor hat sich nicht nur auf skurrile Art verletzt, sondern wurde infolgedessen auch für drei Spiele gesperrt: Als er an der Antenne seines Autos herumbastelte, rammte er sie sich versehentlich in die Nase. Diese blutete so sehr, dass Akonnor blutstillende Mittel bekam. Dumm nur, dass diese auf der Dopingliste des Verbands standen ...
- Eine Begegnung der besonderen Art hatte der Bayernspieler Franz Michelberger in den 70ern. Er wurde im Trainingslager in Israel von einem Kamel gegen den Teambus geschubst – und erlitt eine Knieprellung.
- Paolo Guerrero zog sich einen Muskelfaserriss zu, als er am Münchner Flughafen zu seinem Flieger rannte.
- Mario Gomez hatte gleich doppelt Pech: Bei einem Pressball mit seinem Wolfsburger Gegner riss er sich die Innenbänder – aus Wut schlug er gegen den Arztkoffer und brach sich dabei die Hand.
- Seine Nahbarkeit wurde Patrick Ebert zum Verhängnis, als er mit Fans in der heimischen Fankurve feierte. Er stolperte über eine Bierflasche, rutsche aus und riss sich die Außenbänder im Sprunggelenk an.
- Diese kuriose Verletzung zog sich Boateng in einem Flugzeug zu, als er von einem Länderspiel aus Dänemark zurückkam: Sein linkes Knie war schon lädiert – und dann rammte ihm

eine Stewardess auch noch ihren Getränkewagen gegen sein Bein. Ergebnis: ein Monat Fußballpause.

- Robbie Keane verdrehte sich 1998 das Knie, als er die Fernbedienung des Fernsehers mit dem Fuß betätigen wollte. Zudem riss er sich die Bänder im Knie.

- Auch Steven Morrow sorgte für Schlagzeilen. Er wurde 1993 nach einem Siegtor von seinem Kapitän auf die Schultern genommen – stürzte aber im Anschluss unglücklich bei der Landung und brach sich das Schlüsselbein.

- Kirk Broadfoot hatte einen schweren Unfall in der Küche. Er bereitete seine Frühstückseier in der Mikrowelle vor. Als er bei der Wärme-Inspektion zu nah ranging, explodierte eins der Eier und die heiße Masse landete in seinem Gesicht – er musste sofort ins Krankenhaus.

- Leon Andreasen nahm sich beim Öffnen eines Pakets ein Messer zu Hilfe. Eine unkluge Entscheidung, wie er feststellen sollte: Er rutschte ab, rammte sich das Messer tief in die Hand und musste in der Folge operiert werden.

- Bei Hoffenheims Jiloan Hamad ging es (zu) heiß her – er verbrannte sich im Strandurlaub die Fußsohlen beim Spazierengehen und passte aufgrund der Brandblasen nicht mehr in seine Fußballschuhe.

- Als der HSV 2016 seinen verfrühten Klassenerhalt feierte, stürzte Albin Ekdal so unglücklich, dass er sich an einem Tisch eine tiefe Schnittwunde am Rücken zuzog. Der Schnitt in der Nähe seiner Lunge musste genäht werden und der

Kicker erst mal im Krankenhaus bleiben.

- Bjarne Toelke hatte einen tierischen Gegner: Er half seinen Eltern in der Sommerpause auf dem Bauernhof und wurde dabei von einem Pferd getreten – sein Kahnbein war daraufhin gebrochen.
- Javi Martinez hatte in der Saison 2016/2017 einfach kein Glück. Nachdem er zuvor schon immer wieder mit kleinen Blessuren zu kämpfen hatte, verletzte er sich kurz vor Saisonende dann richtig: Im Wanderurlaub brach er sich das linke Schlüsselbein.
- Nicolai Müller flog beim Jubeln wie ein Hubschrauber – die Bruchlandung erfolgte direkt im Anschluss: Kreuzbandriss!
- Borys Taschtschy brach sich den linken großen Zeh – in der heimischen Dusche. Er war ausgerutscht ...
- Der Mainzer Elkin Soto erlitt einen Hexenschuss, als er sich die Schuhe zubinden wollte.
- Kevin Keegan fiel für mehrere Tage aus, nachdem er mit dem großen Zeh im Abfluss der Badewanne stecken geblieben war.
- Santiago Cañizares wäre mal lieber bei seinen Torwartaktivitäten geblieben. Er wollte eine fallende Parfümflasche mit dem Fuß auffangen und riss sich dabei eine Sehne im Fuß.
- Darren Barnard kann ebenfalls eine besonders kuriose Verletzungsgeschichte vorweisen: Er fiel in der heimischen Küche, nachdem er in eine Pipi-Pfütze seines Welpen getreten und ausgerutscht war. Ergebnis: ein zertrümmertes Knie.

- Volkan Demirel wollte einen Fan beschenken: Als er ihm nach Abpfiff sein Trikot zuwerfen wollte, kugelte er sich die Schulter aus.
- Charlie George hackte sich beim Rasenmähen eine Fingerkuppe und einen ganzen Finger ab. Fußball gespielt hat er danach trotzdem noch – nur Einwürfe konnte er nicht mehr machen.
- Thierry Henry freute sich in einem Match mit seinem damaligen Verein Arsenal London so sehr über sein Tor, dass er sich beim Feiern an der Eckfahne diese selbst ins Gesicht rammte.
- Noch schlimmer traf es im Jahr 2004 allerdings Paolo Diogo: Er wollte an der Tribüne mit den Fans feiern, doch sein Ehering verhakte sich am Zaun und der Kicker riss sich, beim Versuch freizukommen, den halben Ringfinger ab.
- Svein Grøndalen krachte beim Joggen in Norwegen mit einem Elch zusammen. Seine Verletzung am Oberschenkel zwang ihn sogar, auf ein Länderspiel zu verzichten.
- Kasey Keller fiel in der Bundesliga vor allem wegen dieser Verletzung auf: Als er einen Golfschläger aus dem Auto holen wollte, schlug er sich zwei Zähne aus.
- Jari Litmanen bekam beim Feiern mit seiner Mannschaft einen Korken ins Auge. Seine Netzhaut wurde verletzt und er musste längere Zeit pausieren.
- Liam Lawrence' Hund wurde dem Kicker zum Verhängnis: Liam stolperte über den Vierbeiner – und stürzte zu allem

Elend auch noch die Treppe runter.

- David Seaman machte seinem Namen alle Ehre – verletzte sich dabei aber auch: Beim Angeln renkte er sich die Schulter aus, als er einen großen, schweren Fisch an Land ziehen wollte.

- Darius Vassell wollte sich einer Blutblase unterm Zeh selbst entledigen – mit einer Bohrmaschine. Unnötig zu erwähnen, dass der Plan voll nach hinten losging: Anstatt nur den Nagel zu durchbohren, löcherte der Fußballer seinen Zeh.

- Der absolut krasseste Fall in Sachen skurrile Verletzungen kommt aus unserem Nachbarland Frankreich. Dort fiel ein Amateurspieler nach einem Handgemenge für die kommenden Spiele aus – weil sein Gegenspieler ihm in den Penis gebissen hatte!

- Apropos bestes Stück ... auch Chavdar Yankov kann von Verletzungen in diesem Bereich ein Lied singen. Er verletzte sich in einem Zweikampf so sehr, dass es sogar anfing zu bluten. Zunächst notdürftig verbunden, spielte er das Match zu Ende. Anschließend musste die Wunde jedoch mit sechs Stichen genäht werden.

- Nicht ganz so schräg, aber trotzdem bitter war die Verletzung von Thomas Kraft: Der Ersatz-Keeper wurde von einem Hund in die Hand gebissen und fiel dadurch erst einmal aus. So wird das nichts mit dem Stammplatz ...

- Matthias Lehmann war im Training übermotiviert und fehlte deshalb im Saisonendspurt 2017/2018. Er wollte einen Ball per Seitfallzieher ins Tor schießen, landete aber anschließend äußerst ungünstig auf der Seite und musste wegen einer Verletzung am linken Arm ins Krankenhaus.

- Als Carlos Tévez seinen Bruder im Gefängnis besuchte, ließ er sich dort zu einem kleinen Match mit den Insassen überreden. Das Ende vom Lied: Einer der Knackis ging so heftig in den Zweikampf, dass sich Tévez ernsthaft an der Wade verletzte und wochenlang pausieren musste.

- Sergio Agüero war auf dem Heimweg von einem Konzert, als er sich zwei Rippen brach. Der Fahrer seines Taxis hatte eine Kurve zu schnell genommen und war gegen einen Laternenmast gefahren.

- Auch eine weitere kuriose Verletzung geht auf Sergio Agüeros Konto. Er verstauchte sich den Fuß, als er auf dem Fahrrädchen seines dreijährigen Sohnes umherfuhr. Anschließend „verarztete" er sich mit Eisspray – nutzte es aber so intensiv, dass er Gefrierbrand bekam ...

- Kevin-Prince Boateng fiel im Winter 2011/2012 eine Zeit lang wegen einer Zerrung im Oberschenkel aus. Seine Freundin war sich sicher: Die Zerrung komme daher, dass das Paar sieben bis zehn Mal in der Woche Matratzensport betreibt.

- Sven Beuckert war nicht nur Torwart, sondern auch passionierter Reiter. Letzteres sollte seine Karriere beenden: Als er das Pferd auf die Koppel bringen wollte, ging es durch und riss ihm dabei den Daumen ab, weil die Leine ungünstig darum gewickelt war. Zwar konnte der Daumen wieder angenäht werden, aber die Profikarriere zwischen den Pfosten war vorbei.

- Auch genial kurios: 1969 wurde Friedel Rausch von einem Hund in den Hintern gebissen. Auf dem Sportplatz! Fans des Gegners hatten nach einem Tor den Platz gestürmt, um mit ihrer Mannschaft zu jubeln. Einer hatte einen Hund dabei und der fand Rauschs Allerwertesten wohl zum Anbeißen.
- Zlatko Dedič hat ebenfalls ein Körperteil verloren: Er riss sich beim Kartfahren die Kuppe des linken Mittelfingers ab.
- Tatsächlich können auch Gesellschaftsspiele gefährlich sein: Lionel Letizi klemmte sich einen Rückennerv ein, als er einen Scrabble-Buchstaben vom Boden aufheben wollte.
- Ben Foster tollte mit seinem Sohn im Garten herum und verletzte sich dabei so schwer am Knie, dass er beim darauffolgenden Spiel pausieren musste.
- Marcel Sabitzer beförderte sich 2016/2017 selbst auf die Bank, nachdem er sich im heimischen Wohnzimmer eine Verletzung am Oberarm zugezogen hatte. Es soll eine tiefe Schnittwunde gewesen sein.
- Der Verteidiger Douglas hat ein geniales Kunststück geschafft – leider zu seinem Nachteil. Den Weg zu einem Auswärtsspiel nutzte er, um vier Stunden lang zu schlafen. Allerdings in einer so ungünstigen Position, dass er sich den Gesäßmuskel verletzte.
- Emile Mpenza wollte seinem Liebesleben anscheinend ein bisschen auf die Sprünge helfen, hat es dabei aber übertrieben: In der Saison 2008/2009 verpasste er ein Training, weil

er nach der Einnahme von Viagra am Vorabend angeblich noch immer eine Dauererektion hatte.

- Danny Blum machte einst eine schmerzhafte Bekanntschaft mit einer Werbebande: In einem Testspiel krachte er mitten hinein. Ergebnis: Eine Platzwunde am rechten Ellenbogen, die im Krankenhaus genäht werden musste.
- Matthew Rusike wurde von einer giftigen Spinne gebissen, merkte es aber erst auf dem Rückweg zu seinem schwedischen Verein Helsingborgs IF. Bis jemand herausfand, woher die Wunde stammte, war sie schon so entzündet, dass Rusike starke Antibiotika schlucken und vorerst auf der Bank Platz nehmen musste.
- Nicht nur Spieler, auch Trainer haben lustige Verletzungsgeschichten vorzuweisen: Als Ralf Rangnick einer Bierdusche entgehen wollte, zog er sich eine Zerrung im Oberschenkel zu.
- Daryl Janmaat soll einmal nach einer hitzigen Diskussion mit seinem Trainer in der Kabine gegen die Wand geschlagen und sich daraufhin zwei Finger gebrochen haben.
- Bei einem Spiel in der australischen Liga brach sich Storm Roux ein Bein, einen Knöchel und renkte sich obendrein noch die Schulter aus – und das alles ganz ohne Fremdeinwirkung!
- Curtis Davies erhielt eine Gesichtsbehandlung der besonderen Art: Nach dem Spiel seines Vereins gegen den FC Middlesbrough hatte er lauter Striemen im Gesicht – die hatte er

wohl seinem Gegenspieler zu verdanken.

- Der einstige ManU-Keeper Alex Stepney schrie seine Mannschaft einmal so sehr an, dass er sich dabei den Kiefer ausrenkte.

- David Batty hatte gleich doppelt Pech: Kurz nachdem seine Achillessehnenverletzung verheilt war, fuhr ihm sein damals dreijähriger Sohn mit dem Rad über den Fuß – die Verletzung brach erneut auf.

- Axel Witsel stürzte zu Hause die Treppe hinunter. Dabei verletzte er sich so schwer im Gesicht, dass er operiert werden und pausieren musste.

- Lucas Vazquez hatte beim Krafttraining nicht aufgepasst und sich prompt einige Zehen gebrochen – ihm war eine Kurzhantel auf den Fuß gefallen.

- Anscheinend sind Pickel nicht nur der Endgegner eines jeden Teenagers! Marco Asensio hatte nach der Beinrasur den einen oder anderen Pickel. Einer davon schien so schmerzhaft zu sein, dass der Kicker keine Stutzen anziehen konnte und deshalb für ein Spiel auf die Tribüne musste.

- Tobias Levels hatte sich in der Winterpause 2015/2016 am Sprunggelenk verletzt, als er aus Spaß bei einem Eishockeyteam mittrainierte.

- Ewald Lienen wollte einen Ball schnell wieder ins Spiel bringen, doch auf dem Weg zur Seitenlinie rutschte er aus und brach sich den Unterarm.

- Andreas Oper verletzte sich schwer an der Schulter, als ein Bus in das Taxi krachte, in dem er als Fahrgast saß.
- Mike Hanke zog sich in seiner Karriere in der Nationalelf eine Platzwunde am Spann zu, als er in der Dusche ausrutsche – er musste mit fünf Stichen genäht werden.
- Als Celestine Babayaro versuchte, Miro Kloses Salto-Torjubel nachzumachen, brach er sich ein Bein.
- Der Brasilianer Emerson wagte sich bei einem Training im Jahr 2002 ins Tor. Dabei kugelte er sich die Schulter aus und verpasste deshalb die WM.
- Pavel Kuka ließ eine Wasserflasche aus Glas fallen und zerschlitzte sich dabei die Fußsohlen.
- Johnny Durnin fuhr mal mit einem Golfwagen in einen Bunker. Resultat: ein ausgerenkter Ellenbogen.
- Ole Gunnar Solskjær verletzte sich im CL-Finale ManU gegen Bayern an einer Kniesehne. Der Grund dafür war der überschwängliche Jubel mit seinen Teamkollegen. Die sprangen ihm auf den Rücken und durch die Belastung wurde die Sehne zu stark gereizt.
- Bäder scheinen ungemein gefährliche Orte zu sein. Oliver Reck zog sich eine Platzwunde am Fuß zu. Der Grund: eine herunterfallende Seifenschale.
- Ein weiterer Tee-Unfall: Georg Damjanoff ließ sich allerdings gleich den ganzen Kessel auf den Fuß fallen ...
- Michael Schulz erlitt einen Hexenschuss, als er an seiner

Mülltonne zugange war. Vielleicht ein Grund, warum die meisten Männer den Frauen in Sachen Haushalt den Vortritt lassen ...

- Hätte er mal besser den Beipackzettel gelesen ... Ramalho wollte mit Zäpfchen seinen Zahnschmerzen Abhilfe schaffen. Allerdings schluckte er sie fälschlicherweise und musste daraufhin einige Tage im Bett verbringen.
- Christian Lell gönnte sich eine Pediküre mit schweren Folgen: Er zog sich eine schwere Nagelbettentzündung zu.
- David Beckham musste eine Platzwunde nähen lassen, die er seinem damaligen Coach zu verdanken hatte. Letzterer hatte einen Schuh nach dem Mittelfeldstar geworfen.
- Obst und Gemüse sind nicht immer so gesund, wie man glaubt: Rami Kaib brach sich beim Kauen einer Karotte den Kiefer. Zu deren Verteidigung sei allerdings gesagt, dass der Kiefer des Innenverteidigers vorher schon lädiert war.
- Korbinian Linner verpasste den Saisonauftakt 2018/2019 mit seinem TSV 1860 Rosenheim. Der Grund: Nach dem Nacktbaden in einem See wimmelte es in seinen Klamotten von Zecken, die sich anschließend an ihm festsaugten – fast 20 Bisse trug er davon und musste Antibiotika nehmen.
- Alessandro Nesta soll sich seinen damaligen Sehnenriss im Daumen zugezogen haben, weil er zu viel gezockt hat. Allerdings dementiert er das bis heute.
- Der englische Torwart Richard Wright verletzte sich 2006 am Knöchel, als er beim Warmmachen über ein Schild fiel,

auf dem stand, dass das Warmmachen vor dem Tor verboten sei.

- Perry Groves freute sich als Ersatzspieler einmal so sehr über ein Tor, dass er sich beim Aufspringen von der Bank den Kopf anschlug und sich damit selbst ausknockte.

- Ivano Bonetti brachte einst eine so schlechte Leistung auf dem Platz, dass sein Coach aus Wut einen Teller voller Chicken Wings nach ihm warf und ihm damit das Jochbein brach.

- Sascha Benda wurde 2006 die Nase gebrochen – von seinem Mannschaftskollegen Christian Okpala. Okpala begründete es mit den ständigen stinkenden Fürzen, die Benda in seiner Nähe abließ.

- Leroy Lita musste sich einst direkt morgens nach dem Aufstehen krankmelden: Beim Strecken und Dehnen zog er sich eine Verletzung im Oberschenkel zu. Angeblich …

- Ein Insektenbiss setzte Lewis Haldane seinerzeit für 15 Wochen außer Gefecht. Nicht nur, dass sein Fuß anschwoll, er musste auch das Bett hüten und verlor über 15 Kilo in dieser Zeit.

- Szabolcs Huszti zog sich einen Muskelfaserriss im Oberschenkel zu, als er einen Elfmeter verwandelte.

- Lars Hirschfeld schnitt sich die Daumenkuppe ab, als er beim Frühstück ein Stück Käse abhobeln wollte.

Interessante wissenschaftliche Fakten & Studien rund um den Fußball

Fußball ist nicht nur der Deutschen liebster Sport – er ist sogar Gegenstand diverser wissenschaftlicher Veröffentlichungen und Studien. Wenn also auch du nicht nur mit deinem Wissen über aktuelle Tabellenplätze, gewonnene Titel deines Lieblingsvereins oder die gerade geschilderten kuriosen Verletzungen glänzen willst, solltest du jetzt aufmerksam weiterlesen, denn diese Fakten wurden tatsächlich von Wissenschaftlern untersucht.

- Spannende Matches scheinen bei den Deutschen, das Herzinfarktrisiko drastisch zu erhöhen. Insbesondere das Elfmeterschießen im Viertelfinale bei der WM 2006 gegen Argentinien führte durchschnittlich zu 2,7-mal mehr Notarzteinsätzen als beispielsweise an einem normalen Montag. Auf Platz zwei der „Risiko-Spiele" lag bei diesem Turnier übrigens das Halbfinale gegen Italien.

- Doch nicht nur Fans sind gefährdet, Herzprobleme zu kriegen – auch junge und gut trainierte Sportler können während des Spiels Probleme bekommen. So traurigerweise geschehen bei der nachgeholten EM 2020: Der Däne Christian

Erikson sackte auf dem Platz zusammen und konnte nur durch das blitzschnelle Agieren von Ersthelfern und Teamkollegen erfolgreich reanimiert werden. Übrigens: Wusstest du, dass in der italienischen Liga regelmäßig „Herz-Checks" gemacht werden und Spieler mit Verdacht auf Herzproblemen dort gar nicht erst spielen dürfen? Nach der EM 2020 wurde dieses Vorgehen in weiteren Ländern diskutiert.

- Bitter hingegen für den Amateurfußball: Obwohl die direkte Anwendung einer Herzlungenmassage lebensentscheidend ist, trauen sich Studien zufolge nur etwa 40 % an eine Reanimation heran.

- Während eines Turniers sieht die Ernährung der Profikicker jeden Tag ganz anders aus – sowohl in Bezug auf die Makro- und Mikronährstoffe, die sie zu sich nehmen, als auch in Bezug auf die aufgenommene Kalorienanzahl. Dies hängt insbesondere davon ab, ob es sich um einen Matchday (eher Kohlenhydrate), einen Regenerationstag (vor allem Obst und Gemüse) oder einen Krafttrainingstag (viel hochwertiges Protein) handelt. So soll die optimale Versorgung des Körpers gewährleistet werden.

- Kopfbälle können tatsächlich das Gehirn schädigen. Insbesondere sehr scharf geschossene oder sehr hohe Bälle. In Studien wurde nachgewiesen, dass (Profi-)Fußballer mehr als dreimal so häufig an Demenz erkranken wie Nicht-Fußballer. Außerdem können Schäden an der weißen Hirnsubstanz auftreten, die für die Gedächtnisleistung und komplexe Denkvorgänge zuständig ist.

- Und wenn wir gerade bei Kopfbällen und Kopfverletzungen sind: Aktuell versucht die UEFA, ein ähnliches Konzept zu erstellen wie Amerikas Footballliga (NFL): Dort gibt es bei jedem Spiel sogenannte Spotter, die nach Zusammenstößen beobachten, ob einer der Spieler Anzeichen einer Gehirnerschütterung aufweist. Ein solches Konzept hätte auch dem einen oder anderen Fußballer so manches erspart.
- Funfact – wissenschaftlich belegt: Forscher der Ludwig-Maximilian-Universität in München haben nachgewiesen, dass (Profi-)Fußballer tatsächlich wesentlich häufiger O-Beine haben als eine nicht-fußballspielende Vergleichsgruppe.
- Etwa jeder vierte Bundesligaspieler, der einen Kreuzbandriss erlitten hat, hatte spätestens 6 Monate nach Behandlung der Verletzung eine weitere Knieverletzung.
- Beidfüßige Fußballer verdienen mehr Geld. Einer Studie zufolge bis zu 15 % mehr als Links- oder Rechtsfüßer in den europäischen Topligen.
- In diesem Zusammenhang wurde auch herausgefunden, dass, bei über 2.200 untersuchten Spielern, mehr als die Hälfte der Spieler Rechtsfüßer ist (60 %), gefolgt von jeweils rund einem Fünftel Linksfüßern (60 %) und Beidfüßern (60 %).
- Wenig überraschend, aber dennoch ebenfalls per Studien nachgewiesen: Fußballspielen ist (trotz hohem Verletzungsrisikos) gesund! Tatsächlich ist der beliebte Ballsport sogar gesünder als beispielsweise Joggen, da er

abwechslungsreicher ist und somit nicht nur das Herz-Kreislauf-System und die Fettverbrennung in Schwung bringt, sondern auch die (Bein-)Muskulatur stärkt.

- Auch für die Psyche ist Fußballspielen gesund: Ein reges Vereinsleben und das Mannschaftsgefühl wirken sich positiv auf die Seele des Menschen aus, da unter anderem das Bedürfnis nach (sozialer) Zugehörigkeit befriedigt wird.

- Eine Studie der Kölner Sporthochschule hat nachgewiesen, dass Frauen den Männern im Fußball in Sachen Technik und vor allem Taktik mittlerweile in nichts mehr nachstehen. Die Studie wurde auch in anderen europäischen Städten durchgeführt und von der UEFA mit einem Forschungsstipendium unterstützt.

- VAR und Zeitlupenansichten können zu mehr Fehlentscheidungen führen. Das zeigte eine Studie aus dem Jahr 2016. Während Videobeweise helfen können, faktenbasierte Entscheidungen zu treffen – also etwa Abseits vs. kein Abseits – führe die Nutzung der Zeitlupenfunktion bei der Beurteilung von Absicht vs. Versehen bei Fouls und Zweikämpfen häufig zu vermehrten Fehlentscheidungen.

- Schiedsrichter haben den undankbarsten und gleichzeitig anspruchsvollsten Job während eines Spiels. Studien haben jetzt nachgewiesen, dass es dabei durchaus einen sogenannten „Crowd-Noise-Effekt“ gibt, oft auch umgangssprachlicher verpackt als „Heimvorteil, wenn man vor vielen eigenen Fans spielt“. Denn tatsächlich erhalten Heimmannschaften im Durchschnitt eine Gelbe Karte weniger als die Gäste.

- Weitere Untersuchungen ergaben zudem, dass Schiedsrichter zu Beginn des Spiels eher selten Karten zücken, sondern eher im weiteren Spielverlauf – auch, wenn die Spielsituationen, objektiv betrachtet, sehr ähnlich waren. Das liegt daran, dass auch der Schiedsrichter erst einmal ein Gespür für das Spiel bekommen muss – insbesondere für die allgemeine Stimmung auf dem Platz.

- Auch interessant: Je größer ein Spieler ist, desto eher wird er bei unklaren Situationen vom Schiedsrichter bestraft. Möglicherweise werden diese Spieler unbewusst als aggressiver eingestuft.

- Beim Fußball gewinnen die vermeintlich unterlegenen Teams wesentlich häufiger (in etwa 45 % der Fälle) als bei anderen Ballsportarten. Hauptsächlich, weil Tore viel seltener fallen und damit ein einziger Treffer bereits spielentscheidend sein kann.

- Wenn wir schon von Toren reden: Tatsächlich entstehen Studien zufolge etwa 40 % aller Treffer eher zufällig.

- Sogar der Rasen und dessen Beschaffenheit sind eine Wissenschaft für sich: Die meisten Rasenplätze bestehen aus einem Mix zweier sehr robuster und dicht wachsender Rasen-Arten. Außerdem sind speziell ausgebildete Greenkeeper dafür verantwortlich, dafür zu sorgen, dass der Rasen immer die richtige Menge an Wasser und Licht (teils auch durch spezielle Lampen) bekommt und immer die korrekte Länge hat.

- Auch die Entwicklung des perfekten Fußballschuhs ist mittlerweile eine komplexe Forschungsangelegenheit. So hat sich beispielsweise das Gewicht des Schuhs über die Jahrzehnte hinweg halbiert: Heutzutage wiegen Fußballschuhe um die 200 g – in den 1950er-Jahren wogen sie noch doppelt so viel.

- Kurioses aus der Psychologie: Dirk Hofmeister untersucht, warum sich manche Fußballer tätowieren lassen – und was die Tattoos über sie aussagen. Übrigens: Wusstest du, dass Jérôme Boateng der deutsche Kicker mit den meisten Tätowierungen ist?

- Eine Studie zur Wahrnehmung hat indes ergeben: Obwohl die Zuschauer eines Matches objektiv die gleichen Augenbewegungen machen, das gleiche Spielgeschehen verfolgen und auch vereinzelt vorgespielte Szenen gleich einschätzen, wird das Spiel im Nachhinein, je nach Fanzugehörigkeit, unterschiedlich wahrgenommen. Diese emotionale Bewertung wurde in einem Forschungsprojekt an der Uni Tübingen nachgewiesen. Heißt: Die eigentliche Diskussion und unterschiedlichen Wahrnehmungen entstehen erst nach dem Abpfiff!

- Der Druck auf die Profisportler ist so hoch, dass diese wesentlich häufiger zu ungesundem Perfektionismus und in der Folge zu depressiven Verstimmungen neigen als der Durchschnitt. Deswegen müssen insbesondere

Nachwuchsleistungszentren mit Sportpsychologen zusammenarbeiten.

- Obwohl es über 500 Studien darüber gibt, wie gut die beiden schönsten Nebensachen der Welt miteinander harmonieren, konnte bisher kein eindeutiges Ergebnis gefunden werden. Stattdessen gilt, wenig überraschend: Ob Beischlaf vor einem wichtigen Spiel die Leistung des Spielers eher beflügelt oder schwächt, muss jeder individuell herausfinden.
- Eine weitere spannende Studie brachte Klarheit darüber, dass Torhüter am häufigsten Einzelkinder sind. Mittelfeldspieler haben im Durchschnitt die meisten Geschwister.

Elfmeter-Studien

Keine Spielsituation sorgt für mehr Nervenkitzel bei Spielern und Zuschauern als das Elfmeterschießen in entscheidenden Partien. Kein Wunder also, dass es genau dazu auch diverse Studien gibt. Hier findest du nun einige der spannendsten Erkenntnisse aus diesen Untersuchungen:

- 20 % der K. O.-Runden-Spiele bei Welt- und Europameisterschaften werden durch Elfmeterschießen entschieden.
- Wusstest du, dass der Elfmeterpunkt, streng genau genommen, nicht elf Meter vom Tor entfernt ist, sondern laut FIFA-Regeln 12 Yard (also 10,97m)? Zugegeben, die 3 cm sind eigentlich nicht der Rede wert … aber wie war das mit der deutschen Genauigkeit?
- Die Mannschaft, die als Erste schießen darf, hat beim

Elfmeterschießen eine 60-prozentige Siegchance.

- Auch die Reihenfolge der Schützen kann entscheidend sein. Studien zufolge treffen Schützen, die später dran sind, in der Regel seltener als jene, die als Erstes schießen.

- Ähnlich verhält es sich mit der Ballplatzierung: Während der Schütze eher versuchen sollte, nach oben zu zielen, sollte der Torwart eher mittig bleiben, anstatt sich in eine der Ecken zu stürzen.

- Die Trefferwahrscheinlichkeit liegt Studien zufolge bei 77 %, wenn sich der Spieler für die Ausführung mindestens 1,2 Sekunden Zeit nimmt und sinkt auf etwa 77 %, wenn er sich weniger Zeit nimmt.

- Einige Studienautoren sehen darin auch einen direkten Zusammenhang mit den Trefferquoten der Deutschen (93 %) und der Briten (93 %). Letztere führen den Penalty immer relativ zügig aus.

- Wissenschaftler widerlegen den vermeintlichen Elfmeterfluch bei den Briten aber dennoch: Statistisch betrachtet sei es keine signifikante (also besonders große) Abweichung von anderen Nationen, auch wenn die Briten leicht unter dem Durchschnitt liegen. Vielmehr handle es sich um eine Fehlinterpretation beziehungsweise falsche Wahrnehmung aufgrund einer sogenannten vereinfachenden Verfügbarkeitsheuristik: Da man sich an emotional aufgeladene Momente (etwa der verschossene Elfmeter im WM-Finale) eher erinnert als einen weniger emotionalen Moment (etwa einen

Elfmeter während der regulären Spielzeit), kommt es vielen Menschen einfach nur so vor, als würden die Briten seltener treffen.

- Etwa 75 % aller Elfmeter gehen ins Tor. An Pfosten oder Latte gehen 2 % und ganz am Tor vorbei immerhin knapp 2 %. Die übrigen Treffer werden in der Regel vom Torwart abgewehrt oder sogar gehalten.
- Der Torwart hat nebenbei bemerkt eine höhere Chance, den Schuss abzuwehren, wenn er sich auf der Linie hin und her und zudem auch seine Arme bewegt.
- Auf der anderen Seite ist es für die Schützen ideal, eine Geschwindigkeit von 90 bis 105 km/h in ihren Schuss zu bringen. Dadurch ist die Fluggeschwindigkeit so kurz (nämlich nur 0,4 Sekunden), dass der Torwart kaum die Chance hat, rechtzeitig zu reagieren.
- Dabei treffen Offensivspieler am häufigsten, gefolgt von Mittelfeldspielern und schließlich den Verteidigern. Jungspieler treffen zudem in der Regel häufiger als die großen Stars.

Irre Transferpannen, Beinahe-Transfers und kuriose Ablösesummen

- Bastian Schweinsteiger wäre 2008 beinahe zu Mailand gewechselt. Unter anderem auch, weil Bayern einen anderen Spieler für Bastis Position wollte. Der ging jedoch zu Barcelona – und Schweini blieb in München.
- Marek Hamšík hingegen wollte 2016 zum BVB. Die potenziellen Verhandlungen hatten sich aber so weit nach hinten verschoben, dass die Vorbereitung bei Neapel schon begonnen hatte und Hamšík dann nicht mehr wechseln wollte.
- Angel di Maria wäre fast zu den Kölnern gegangen – doch deren Tabellenplatz war zu schlecht und der Kicker entschied sich am Ende doch gegen den Wechsel.
- 2006 hätte der HSV fast Zuwachs von Marcelo bekommen – damals spielte der Verein auch noch in der Champions League. Doch die geforderte Summe war zu hoch, der HSV musste passen.
- David Odonkor wäre fast ein Bayer geworden. Uli Hoeneß wollte ihn, doch Felix Magath (damals FCB-Trainer) legte sein Veto ein.

- Einen weiteren „Doch-nicht-Wechsel“ gab es 2008 beim HSV. Gareth Bale hätte nach Hamburg kommen sollen, doch auch er war den Norddeutschen damals zu teuer. Auch für den Spieler war das bereits der zweite Beinahe-Wechsel.
- Kaka bei Leverkusen? 2002 wäre es fast dazu gekommen. Doch die Vereine wurden sich nicht über die Ablösesumme einig.
- Ronaldo wäre seinerzeit als 17-Jähriger fast zum Schwaben geworden, doch bereits damals war sein Marktwert so hoch, dass Ralf Rangnick die Transfer-Gespräche abbrechen musste.
- Auch Werder Bremen hatte ein „zu teuer“-Problem. Damals ging es um einen möglichen Wechsel von Piotr Čech.
- Kane wäre 2012 fast bei Union Berlin gelandet.
- Thibaut Courtois wäre 2011 beinahe unter bei der TSG Hoffenheim unter Vertrag genommen worden. Der Transfer war so gut wie abgewickelt, scheiterte dann aber an Courtois' „schlechter Note in Mathe“, wie der damalige Hoffenheimer Talentscout Pfannenstiel mitteilte.
- Die Bayern hätten 2011 Raphael Varane kaufen können. Sie entschieden sich dann aber für Jérôme Boateng.
- Auch Gerhard Tremmel hätte Bayer werden können, doch weil Michael Rensing als Nummer 2 blieb, entschied er sich dagegen.

- Die Dortmunder verloren 2003 das Buhlen um Ronaldinho gegen Paris Saint-Germain.
- Edwin van der Sar wollte zu Liverpool oder dem BVB. Da beide Vereine zögerten, wechselte er zu Fulham.
- Ulf Kirsten hätte nach Mailand wechseln können – wäre da nur nicht seine Flugangst gewesen …
- Andreas Köpke war gerade erst als Neu-Schwabe vorgestellt worden, als er zu Barça wechseln wollte. Das klappte nicht und so heuerte er bei Olympique Marseille an.
- Valdas Ivanauskas' Wechsel zum VfL Wolfsburg scheiterte Ende der 90er am Veto seiner Ehefrau.
- 2007 wollte Rafael von der Vaart unbedingt zu Valencia und zeigte sich auch schon mit dem entsprechenden Trikot, um Druck auf den HSV auszuüben. Dumm nur, dass es nicht zu einer Einigung kam. Immerhin: Die Fans verziehen ihm.
- Eric Maxim Choupo-Moting wurde Opfer der Bürokratie. Sein Wechsel nach Köln scheiterte daran, dass einige Unterlagen eine Viertelstunde zu spät bei der DFL ankamen.
- Sadio Mané durfte nicht zum BVB, weil sein Kleidungsstil den damaligen Coach Jürgen Klopp abschreckte.
- Isco wurde 2013 bei ManU nicht unter Vertrag genommen, weil „sein Kopf im Verhältnis zum Körper zu groß" sei.
- David de Gea wollte indes weg von ManU – und quasi mit dem Real-Keeper Keylor Navas tauschen. Dieser brauchte aber mit den Unterlagen zu lange, sodass im Endeffekt keiner

der beiden wechseln konnte.

- Mbappé wäre fast zu RP Leipzig gegangen statt nach Paris, doch der damalige Trainer sagte dem Youngster und dessen Eltern nicht zu.
- Max Kruse hätte ein Bayer werden können – wenn die Bayern ihn noch einmal zurückgerufen hätten.
- Michael Ballack wäre damals fast nach Bremen statt zu den Roten Teufeln gegangen. Letztlich scheiterte der Transfer an 10.000€.
- 2003 wollten die Schalker Samuel Eto'o zu sich holen. Sie konnten oder wollten allerdings die Ablösesumme nicht zahlen, sodass der Spieler zu Barça wechselte.
- Das war sicherlich ein Schnäppchen: Marcos Tébar verließ Real Madrid im Jahr 2010 für gerade einmal 100 € Ablöse.
- Zat Knight wechselte 1999 zum Fulham FC. Sein alter Verein erhielt dafür 30 Trainingsanzüge. Immerhin sollen diese von Harrods gewesen sein, dem berühmt-berüchtigten Kaufhaus.
- Gegenstände waren nicht nur im letzten Jahrhundert eine gängige Währung für Ablösesummen. 2013 wechselte Roger Fallas zu CF Universidad de Costa Rica – zum „Preis" von 50 Fußbällen.
- Auch in Rumänien kam es 2006 zu einer kuriosen Ablöse: Der Viertligist Regal Hornia kaufte Marius Cioara ein und bezahlte dafür mit 15 kg Schweinswürsten. Guten Appetit!

- In Norwegen gab es ebenfalls eine nahrhafte Ablöse, als Kenneth Kristensen 2010 zu Fløy wechselte. Der Verein musste dafür mit Shrimps bezahlen – und zwar in der Menge, die Kristensens Körpergewicht (damals etwa 75 kg) entsprach. Da kam sicherlich einiges zusammen.
- Weil River Plate nach einem Probetraining nicht gleich zuschlug, wechselte Lionel Messi 2000 zum FC Barcelona. Dort folgten weitere Beinahe-Wechsel, zum Beispiel 2006 (Inter Mailand) – doch im Endeffekt blieb es eben bei dem „beinahe".
- 1997 hätte Werder Bremen neben Jurij Maximow noch den Stürmer Andriy Shevchenko zu sich holen können – lehnte allerdings ab. Bitter: Letzterer schoss in der darauffolgenden Saison allein in der Champions League fünf Tore.
- Der Brasilianer Didi kam 1999 für stolze zwei Millionen Euro zum VfB Stuttgart. Er absolvierte allerdings gerade einmal zwei Spiele für die Schwaben, denn, wie sich herausstellte, hatte er eine ziemlich lange Verletzungshistorie, die ihn auch weiterhin verfolgte.
- Mark Rudan luchste Alemannia Aachen eine Ablöse von damals 290.000 D-Mark ab – obwohl er eigentlich Ablöse-frei war! Als das herauskam, war das Geld längst unauffindbar. Dafür erhielten Rudan, sein Agent und der Schatzmeister der Aachener eine Freiheitsstrafe.
- Bitter war für Abédi Pelé folgende Erkenntnis: Bei seinem Transfer nach München handelte es sich nicht um den FC

Bayern München, sondern um den TSV 1860. Er unterschrieb dennoch – München ist München.

- 2007 hatten die Gladbacher den „Stürmer" Mikkel Thygesen für 2 Millionen Euro zu sich geholt. Dumm nur, dass der eigentlich Mittelfeldspieler ist. Nach nur fünf Spielen kehrte er wieder zu seinem alten Verein zurück.
- Horst Hrubesch wäre faktisch Frankfurter geworden. Weil diese den Transfer aber entgegen der eigentlichen Absprache zu früh verkündeten, sagte er der Eintracht wieder ab und wechselte stattdessen zum HSV.
- Last minute-Schlampereien versauten auch den Wechsel von Kevin Großkreutz zu Galatasaray Istanbul. Weil Unterlagen fehlten, erhielt er keine Spielberechtigung und durfte nur zusehen. Nach einem halben Jahr hatte Großkreutz die Schnauze voll und wechselte schließlich nach Stuttgart.
- Ach ja, manchmal zählt die Größe eben doch! Franca wechselte nach Hannover. Den Unterlagen zufolge sollte er 1,90 m groß sein – also perfekt für einen Defensivspieler. Vor Ort stellte sich heraus, dass er ein gutes Stück kleiner war. Ob sein zeitnaher Wechsel in die brasilianische Heimat tatsächlich damit zusammenhing oder die 96er einfach nicht mit seiner Leistung zufrieden waren, bleibt offen.
- Auch Axel Witsel kann ein Lied davon singen, dass der gewünschte Wechsel an der Bürokratie scheiterte. Als er von Russland nach Italien wechseln wollte, ließ sich sein Verein zu viel Zeit, weil er erst einen Ersatz finden wollte. Witsel

musste darum von Turin zurück nach St. Petersburg fliegen.

- Diese Zeitüberschreitung ist besonders bitter: Adrien Silva wechselte 2017 für schlappe 24 Millionen Euro zu Leicester City. Die Unterlagen gingen 14 Sekunden(!) zu spät ein und deshalb durfte Silva frühestens im Januar wechseln.

- Eigentlich wollte Bard Erik Olsen 2005 die Fußballschuhe an den Nagel hängen. Doch mit der Aussicht auf eine Pizza pro Woche ließ er sich dann doch noch vom norwegischen Fünftligisten Tronvik FK verpflichten.

- Auch in der Türkei ist Geld nicht alles: Dort ist Mohammed Sumaila für 10 Liter Olivenöl von Izmir Gaziemspor zu Yörükalispor gewechselt. Da es sich nur um ein Gastspiel von einem Monat während eines Turniers handeln sollte, wollte der Kicker eigentlich gar kein Gehalt, doch die Einwohner schenkten ihm aus Dank das Öl.

- Zuletzt ließ der Niederösterreichische Fußballverband gleich 70 Transfers auf einen Schlag platzen – weil ein Mitarbeiter einen Mausklick vergessen hatte.

- Konstantinos Manolas' Wechsel zu St. Petersburg scheiterte, weil der Spieler nicht zum verpflichtenden Medizincheck erschien. Seine Begründung: Da die Ablöse in Rubel und nicht in Euro bezahlt worden wäre, wollte er lieber doch nicht wechseln und blieb beim AS Rom.

- „Zu früh gefreut" hieß es auch 2008 für Chelsea. Eigentlich war der Wechsel von Robinho schon so gut wie in trockenen Tüchern, alle waren sich einig. Da der Verein aber bereits vor dem Ende der Verhandlungen Robinho-Trikots verkaufte, waren die Spanier sauer und so verkaufte Real den Kicker stattdessen an Manchester.

- Augen auf beim Spielerkauf! Der türkische Zweitligist Menemenspor dachte, einen großen Coup gelandet zu haben, indem sie Lamin Jallow engagierten. Bei der Videoanalyse des neuen Spielers stellte sich heraus, dass er anders aussah als der Mann auf dem Pass. Erklärung: Man hatte nicht Lamin, sondern Alpha Jallow verpflichtet.

- Einen weiteren Sach-Deal gab es in Rumänien. Als Cristian Bălgrădean Minerul Lupeni verließ, forderte man dafür eine neue Gasleitung für die Stadt Lupeni. Der neue Verein willigte ein.

- Alexander Genrichowitsch Borodjuks Transfer zu Schalke wurde 1989 komplett in Alltagsgegenständen bezahlt – an den damaligen Moskauer Bürgermeister, der für die Genehmigung zuständig war. Darunter befanden sich unter anderem Schreibmaschinen, Mähdrescher und ein Auto der Marke „Ford Scorpio".

- Die wohl berüchtigtste Transfer-Fail-Geschichte ist die von Jean-Marc Bosman, da sie einige große Veränderungen der Regularien nach sich zog: 1990 wollte er von Lüttich nach Dünkirchen wechseln, doch Lüttich forderte eine horrende Ablösesumme. Bosman klagte. Der Europäische Gerichtshof entschied, dass Ablöseforderungen bei ausgelaufenen Verträgen rechtswidrig sind – und brachte damit das gesamte damalige Transfersystem zum Einsturz.

- Bernd Schuster hatte es im Alter von 18 Jahren geschafft, gleich drei Verträge auf einmal zu unterschreiben: bei Augsburg, Köln und Gladbach. Man munkelt, dass er dachte, er sei um Autogramme gebeten worden.

- Horst Szymaniak wurde sogar im Urlaub abgeworben. Der KSC wollte den Spieler 1959 unbedingt haben. Als der am Strand lag, standen plötzlich zwei Männer im Anzug vor ihm und überreichten ihm einen Koffer voller Geld. „Mein Handgeld für den Wechsel zum Karlsruher SC", wie der Kicker später erzählte.

- Den falschen Zwilling verpflichtet? Der 1. FC Köln verpflichtete einst Srđan Čebinac, weil er im Probetraining überzeugte. Später war seine Leistung alles andere als berauschend. Böse Zungen behaupten auch heute noch, dass damals sein begabter Zwillingsbruder Zvezdan beim Training gewesen sei ...

- Henri Françillon kam von Haiti zum TSV 1860 München, absolvierte aber in zwei Jahren nur sechs Spiele. Einer der Gründe: Er soll Angst vor Schnee gehabt haben. Später verklagte er den Verein und bekam eine Abfindung.

- Auch der Brasilianer Zézé blieb seinem Verein nicht lange erhalten: Er ließ sich ein Attest für Schnee-Allergie ausstellen und verließ den 1. FC Köln. Dessen Investition von 150.000 D-Mark für den ersten Brasilianer in der Bundesliga hatte sich wohl kaum gelohnt ...

- So hatte sich Karl Del'Haye seine Bayern-Zeit sicher nicht vorgestellt: Die Bayern verpflichteten ihn, allerdings wohl nur, um Gladbach zu schwächen. In fünf Jahren beim FCB kam „Calle" lediglich auf sieben Einsätze.

- Tragik bei den Schalkern. Für 3,5 Millionen Euro verpflichteten sie Pablo Insua. Der hatte kurz darauf mit einer Rippenfellverletzung zu kämpfen, die sogar zu einer Herzbeutelentzündung auswuchs. Bis zu seiner Verleihung nach Spanien kam er nur auf einen Einsatz.

- Aleksandr Hleb hatte sich von seinem Wechsel nach Wolfsburg wohl auch mehr erhofft. In seinem Kaufrausch holte Magath den Spieler ins Team – der hatte dort aber nur vier Einsätze, bevor er schließlich weiterzog.

- Michel Platini wäre einst beinahe zum 1. FC Saarbrücken gegangen. Jup, genau. Kaum vorstellbar. Als der damals 19-jährige jedoch 1976 beim Probetraining war, hielt ihn der Trainer für zu schmächtig und schickte den Franzosen weg. Eindeutig ein Fehler ...

- Für eine Fast-Transferpleite der ganz anderen Art sorgte der Wechsel von Neymar zu PSG: Der Deal, der sich insgesamt auf fast 500 Millionen Euro belaufen soll, wäre beinahe nicht zustande gekommen, weil diverse Gerüchte über Finanz- und Steuerbetrug die Runde machten.

- Noch ein Brasilianer, der nur fast in der Bundesliga gelandet ist: Alexandre Pato. Mit 16 galt er als Top-Talent, doch den Herthanern waren 3,5 Millionen einfach zu viel. In Mailand wurde Pato dann sehr erfolgreich, bevor ihn das Verletzungspech verfolgte.

- Wolfsburg hat es sich nehmen lassen, einen der besten afrikanischen Spieler aller Zeiten zu verpflichten: Michael Essien wechselte stattdessen zu Chelsea.
- Als Stefan Effenberg wieder ins deutsche Oberhaus zurückkehren wollte, wäre er fast zu Werder Bremen gegangen. Doch die Gladbacher schlugen last minute zu und holten ihn zurück in ihr Team. Später wechselte „Effe" dann zu den Bayern. Dumm gelaufen für die Bremer ...
- Kaka war den Leverkusenern 2002 zu teuer, weshalb der Transfer platzte und stattdessen Jan Šimák verpflichtet wurde – der entwickelte sich jedoch leider zum Flop. Doppelt bitter für Leverkusen, denn Kaka wurde wiederum 2007 zum besten Fußballer der Welt gekürt.
- Dass Pelé nicht zu Hannover 96 gewechselt ist, hat einen besonders skurrilen Grund: Der damals bereits zweifache Weltmeister wurde von Brasilien kurzerhand zum Staatseigentum erklärt und durfte nicht im Ausland tätig werden.
- Der SC Freiburg ließ sich einen späteren Spitzenverteidiger entgehen: Der Marokkaner Medhi Benatia erschien den Verantwortlichen zu schlecht. Kurz darauf wurden die Bayern auf ihn aufmerksam, daraufhin auch Juventus Turin.
- Esteban Cambiasso wäre beinahe ein Roter Teufel geworden. Damals spielte der FCK noch Bundesliga und Real wollte seinen Spieler verleihen, Cambiasso entschied sich jedoch

gegen den Wechsel.

- Manuel Neuer wäre fast Keeper bei den Kölnern geworden. Damals war er noch die Nummer Drei bei Schalke. Doch da die Nummer zwei wechselte und er aufrückte, entschied er sich kurzerhand doch gegen einen Wechsel.
- Als Schalke 04 Fernando Morientes verpflichten wollte, scheiterte der Deal zwar nicht an der Ablösesumme, dafür aber am zu zahlenden Gehalt für den Spanier.
- Der MSV Duisburg hatte 1996 einfach Pech, dass eine WM in der Transferphase lag. Der gewünschte Tscheche Pavel Nedvěd spielte dort so gut, dass ihm der Verein dann doch eine Nummer zu klein war – er ging stattdessen direkt zu Lazio Rom und wurde überaus erfolgreich.
- Zlatan Ibrahimović bei den Bayern?! Fast wäre es dazu gekommen. Allerdings war dem FC eine Ablöse von acht Millionen für einen 19-Jährigen zu hoch und man verpflichtete stattdessen Claudio Pizarro. Ob das wirklich die bessere Wahl war…?
- Dieser Fast-Transfer wäre auch ein dickes Ding gewesen: Kein Geringerer als Diego „die Hand Gottes“ Maradona wäre 1978 beinahe zu Sheffield United gewechselt. Doch die Engländer entschieden sich dann gegen den damals 17-Jährigen und stattdessen für seinen Teamkollegen Alex Sabella.
- 1995 wäre Zinedine Zidane fast zum damaligen englischen Meister Blackburn Rovers gegangen. Der Trainer wollte ihn, doch der Sportdirektor legte ein Veto ein. Schlecht für die

Rovers, gut für Zidane: Er wurde ein Jahr später von Juve verpflichtet.

- Kaka wird oft noch mit einem weiteren Fast-Wechsel in Verbindung gebracht: Er sollte 2009 zu Manchester City gehen, doch er legte sein Veto ein und wurde stattdessen Madrilene.
- 2005 überlegte Steven Gerrard kurz in der Öffentlichkeit, Liverpool zu verlassen und stattdessen bei Chelsea zu spielen. Der damalige Trainer Mourinho wollte ihn auch unbedingt, während vonseiten Liverpools angeblich die Wertschätzung für seine Leistungen fehlte. Letztlich verlängerte er aber doch bei seinem Verein. Alte Liebe rostet nicht …
- Als Robert Lewandowski 2010 zum BVB wechselte, ließ er damit zeitgleich den möglichen Transfer zu den Blackburn Rovers platzen.
- Die Bolton Wanderers wollten 2004 den Brasilianer Rivaldo verpflichten. Der ging eigentlich schon langsam seinem Karriereende entgegen, während der Verein gerade Aufwind hatte. Der Wechsel kam dann aber doch nicht zustande, obwohl die Gespräche schon weit fortgeschritten waren.
- Zvjezdan Misimović kam aus der Münchener Jugend und sollte 1999 zum HSV wechseln. Angeblich war er den Hamburgern aber zu dick. 2009 holte er mit Wolfsburg die Meisterschaft.
- 1995 hatte West Ham United die Chance, Andrij Shevchenko zu sich zu holen. Die Ablöse war den Engländern zu hoch. Ein paar Jahre später ging der Kicker stattdessen nach Italien.

- Als Zlatan Ibrahimović erst 16 Jahre alt war, hätte er bereits einen Mega-Transfer tätigen können. Damals hatte Arsenal London Interesse bekundet, doch Zlatan verweigerte das Probetraining – woraufhin sich die Engländer umentschieden.
- 2009 wollte Birmingham City Gareth Bale zu sich holen, doch der Wechsel scheiterte, weil der „Waliser Transferflop" es doch noch schaffte, sich bei Tottenham zu etablieren, und dann keine Notwendigkeit mehr sah, noch einmal in einem anderen Verein sein Glück zu versuchen.
- Lionel Messi und Andres Iniesta standen 2004 noch nicht in der ersten Mannschaft von Barcelona auf dem Platz. Das wollten die Glasgow Rangers nutzen, um sie als Leihgabe zu bekommen. Doch da das Potenzial der beiden bereits abzusehen war, entschied sich Barça dagegen.
- Pep Guardiola wollte im Spätherbst seiner Spielerkarriere noch mal nach England wechseln. Da er aber bereits Mitte dreißig war, lehnte Wigan Athletic ab.
- Als Roberto Carlos Inter Mailand verlassen wollte, wäre er fast nach England zu Aston Villa gewechselt. Schlussendlich entschied er sich jedoch für Real.
- Der Transfer des damals erst 17-jährigen Stevan Jovetić scheiterte tatsächlich an EU-Richtlinien. Da Montenegro EU-Beitragskandidat, aber noch kein Mitglied war, war der Transfer von minderjährigen Spielern verboten. Pech für Köln – denn ein Jahr später entschied sich Jovetić dann für

einen Wechsel zum AC Florenz.

- Auch der Beinahe-Wechsel von Cristiano Ronaldo zu Arsenal verlief ähnlich wie der von Zlatan. Trikot war schon vorbereitet (ebenfalls mit der 9), die Gespräche liefen gut, doch angeblich forderte Lissabon plötzlich mehr Geld – und der Deal platzte.

- Dieser Fall sorgte für Aufsehen und dürfte die Rivalität zwischen Barcelona und Madrid noch weiter angefacht haben: 1953 unterschrieb Alfredo Di Stefano bei Barcelona. Aufgrund besonderer Umstände konnte aber auch Real ihn verpflichten. Der Verband musste eingreifen und entschied, dass Di Stefano abwechselnd bei beiden Vereinen spielen sollte. Das war Barça irgendwann zu doof und so spielte der Fußballer dann nur noch bei Real.

Alles rund um die EM

- Die erste Europameisterschaft gab es 1960, also erst 30 Jahre nach der ersten WM. Damals hieß sie noch „Europapokal der Nationen".
- Noch nie endete ein Eröffnungsspiel (EM oder WM) mit 0:0.
- Deutschland und Spanien haben bisher die meisten EM-Titel (jeweils 3).
- Die meisten EM-Spiele als Trainer bestritt Joachim Löw.
- „Jogi" Löw ist auch der Trainer, der bisher die meisten EM-Spiele mit seinem Team gewonnen hat.
- Tschechien hat bisher die beste Bilanz im Elfmeterschießen (3 von 3 gewonnen).
- England hingegen hat die schlechteste Elfer-Bilanz (5 von 6 verloren).
- Italien stand derweil am häufigsten für ein Elfmeterschießen auf dem Platz (insgesamt achtmal).
- Frankreich war bisher am häufigsten der Gastgeber der EM (1960, 1984 und 2016).
- Deutschland hat bereits 13-mal an der Europameisterschaft teilgenommen.
- Deutschland wurde 1972 Europameister, dann zwei Jahre später Weltmeister.

- Die Franzosen machten es umgekehrt: Sie wurden 1998 Weltmeister und dann 2000 noch Europameister.
- Spanien schaffte sogar einen besonderen Rekord: 2008 wurde das Land Europameister, gewann dann 2010 die Weltmeisterschaft und 2012 erneut die EM.
- Italien hält aktuell den Rekord für die meisten Spiele ohne Gegentor.
- Portugal hat seit 1984 immer die K. O.-Runde erreicht.
- Drei EM-Gastgeber schieden bereits in der Vorrunde aus: 2000 (Belgien), 2008 (Schweiz und Österreich).
- Das allererste EM-Tor schoss der Tscheche Milan Galić 1960 im Eröffnungsspiel gegen Frankreich.
- Den ersten Strafstoß einer EM hat der Ungar Dezsö Novák 1964 verwandelt, damals gegen Dänemark.
- Die meisten Zuschauer hatte die Partie Spanien – Ungarn im Halbfinale 1964: Rund 125.000 Menschen waren zugegen.
- Den ersten Platzverweis erhielt der Engländer Alan Mullery 1968 gegen Jugoslawien.
- Das EM-Match mit den wenigsten Zuschauern (ca. 1.700) war 1972 die Halbfinale-Partie UdSSR gegen Ungarn.
- Das erste EM-Eigentor schoss Anton Ondruš (Tschechien) 1976 im Spiel gegen die Niederlande.
- Michel Platini schoss 1984 den ersten Hattrick der Turniergeschichte und bleibt damit auch weiterhin auf einsamem Posten. Zumindest, wenn man die Qualifikationsspiele nicht

mitzählt.

- Mit seinem Hattrick hat Michel Platini bisher auch die meisten Tore innerhalb eines EM-Spiels geschossen.
- Zudem schaffte er die meisten Tore innerhalb einer Europameisterschaft (neun an der Zahl).
- Die meisten EM-Tore insgesamt hat hingegen CR7 geschossen (14).
- Cristiano Ronaldo hat zudem bisher die meisten EM-Spiele bestritten (25).
- Bastian Schweinsteiger ist aktuell noch der deutsche Nationalspieler mit den meisten EM-Einsätzen (15).
- Das erste Golden Goal bei einer Europameisterschaft schoss Oliver Bierhoff 1996.
- Das schnellste Tor nach Anpfiff fiel nach 67 Sekunden durch den Russen Dmitri Kiritschenko (2004).
- Das schnellste deutsche Tor schoss Jérôme Boateng 2016 in der 8. Minute.
- Bei der EM 2004 wurde es für den Schiedsrichter Urs Meier gefährlich. In der 90. Minute ließ er den 2:1-Treffer der Engländer nicht zählen, aufgrund einer vorausgegangenen Situation. Die Engländer verloren das anschließende Elfmeterschießen gegen Portugal und obwohl Meier von der Schiedsrichterkommission für seine Entscheidung recht bekam, war er in England der Sündenbock. Er erhielt sogar Morddrohungen und die Polizei riet ihm, in seiner Schweizer Heimat

vorerst unterzutauchen.

- Spucken schien zeitweise eine Art Trend im Fußball zu sein. 2004 spuckte Francesco Totti dem Dänen Christian Poulsen gleich dreimal ins Gesicht – als dies einige Tage später rauskam, wurde er für drei Spiele gesperrt.

- Im gleichen Turnier wurde auch Alexander Frei zum Lama – er bespuckte Steven Gerrard in der Partie Schweiz gegen England.

- Beim EM-Spiel Deutschland gegen Österreich in 2008 wurden sowohl Jogi Löw als auch der österreichische Trainer Hickersberger nach einem Wortgefecht mit dem vierten Offiziellen auf die Tribüne verbannt.

- Nicklas Bendtner wurde 2012 gesperrt und musste eine hohe Geldstrafe zahlen. Er hatte beim Torjubel das Trikot angehoben – dabei kam seine knallgrüne „Paddy Power"-Unterhose zum Vorschein. Da es den Spielern bei EM und WM untersagt ist, Werbung zu machen, kam ihm diese Freizügigkeit teuer zu stehen.

- Ebenfalls 2012 sorgte auch diese Erkenntnis für Negativschlagzeilen: Die UEFA hat geschönte Bilder im TV laufen lassen – teilweise wurden unschöne Szenen rausgeschnitten oder passendere Szenen (z. B. während Spielunterbrechungen) montiert. Zwar sind nationale Sender ebenfalls vor Ort – die dürfen jedoch von den Spielen selbst nur die offiziellen UEFA-Bilder zeigen.

- Bei der EM 2016 sorgte die Schweiz für einen echten Hingucker, wenn auch nicht ganz freiwillig: Ein Produktionsfehler sorgte dafür, dass beim Spiel gegen Gastgeber Frankreich gleich mehrere Trikots rissen.
- Einen interessanten EM-Rekord halten die Isländer seit ihrem Viertelfinalspiel im Jahr 2016 gegen Gastgeber Frankreich: Ganze 10 % der isländischen Gesamtbevölkerung waren zu dem Zeitpunkt in Frankreich. Also rund 36.500 Menschen.
- 2021 sorgte Russland für Ärger. Bei der EM quer durch Europa fanden auch dort Spiele statt – allerdings behielt es sich das Land vor, vereinzelte Presse-Akkreditierungen nicht zuzulassen. So etwa bei einem deutschen Journalisten, der früher Verbindungen zwischen Gazprom und der UEFA recherchiert hatte.
- Bei der EM 2021 (ursprünglich 2020) fielen bereits in der Vorrunde acht Eigentore! So viele wie in allen 15 vorherigen Europameisterschaften zusammen.
- Die EM 2021 war zudem auch das Turnier, in dem es am häufigsten zum Elfmeterschießen kam.
- Die meisten EM-Gegentore kassierte Piotr Czech, der nach der EM 2021 auch aus der tschechischen Nationalmannschaft austrat.

Alles rund um die WM

- Bisher haben erst acht verschiedene Länder die WM gewonnen.
- Die meisten WM-Teilnahmen kann Brasilien auf seinem Konto verbuchen (20). Das Land nahm bisher an jeder Weltmeisterschaft teil.
- Interessant daran: Die deutsche Nationalmannschaft hat dennoch genauso viele WM-Spiele bestritten wie die brasilianische (109).
- Kein Team hat bisher so oft den jeweiligen WM-Gastgeber geschlagen wie Deutschland: Chile 1962, Spanien 1982, Mexiko 1986, Südkorea 2002 und Brasilien 2014.
- Die meisten Weltmeistertitel hat sich ebenfalls Brasilien gesichert: 1958, 1962, 1970, 1994 und 2002.
- Pelé ist der Spieler, der am häufigsten Weltmeister mit seinem Team wurde (1958, 1962 und 1970).
- Deutschland ist genauso oft Weltmeister (1954, 1974, 1990 und 2014) wie Vize-Weltmeister (1966, 1982, 1986 sowie 2002) geworden.
- Die meisten WM-Einsätze hatten Lothar Matthäus (25) und Miroslav Klose (24).
- Klose hat zudem insgesamt die meisten WM-Tore geschossen (16).

- Während einer einzigen WM hat hingegen Just Fontaine die meisten Tore geschossen (13).
- Die meisten WM-Spiele als Trainer hat Helmut Schön auf dem Buckel (19 an der Zahl).
- Zeitgleich hat er als Trainer mit seinem Team auch die meisten WM-Matches gewonnen.
- Die meisten Gegentore kassierte der Mexikaner Antonio Carbajal: Ganze 25 in 11 Spielen.
- Die meisten Spiele ohne Gegentor bestritten hingegen der Engländer Peter Shilton und der Franzose Fabien Barthez (jeweils 10).
- Die längste Siegesserie hält Brasilien mit 11 Spielen.
- Zugleich geht auch die längste Serie ohne Niederlage (also Sieg oder Unentschieden) an Brasilien: 13 Spiele.
- Die meisten gewonnenen Elfmeterschießen hat Deutschland auf dem Konto (4 von 4).
- Am wenigsten erfolgreich waren dabei – wie auch bei der EM – die Briten (3 von 3 verloren).
- Bereits sechsmal wurde der jeweilige Gastgeber auch Weltmeister: Uruguay (1930), Italien (1934), England (1966), die BRD (1974), Argentinien (1978) und Frankreich (1998).
- Frankreich war zudem nach seinem Titelgewinn 1998 bei der WM 2002 der schlechteste Titelverteidiger aller Zeiten. Mit nur einem Punkt schaffte es das Team damals nicht einmal über die Gruppenphase hinaus.

- Südafrika ist bisher das einzige Land, das als Gastgeber bereits in der Vorrunde ausgeschieden ist.
- Den höchsten Halbfinalsieg haben übrigens die Deutschen geschafft: Mit dem 7:1 gegen Gastgeber Brasilien im Jahr 2014.
- In dieser Partie hat Deutschland noch einen weiteren Rekord aufgestellt: Die Mannschaft hat die meisten WM-Tore in kürzester Zeit geschossen – 4 Tore in nur 6 Minuten.
- An der ersten Weltmeisterschaft nahmen gerade einmal 13 Mannschaften teil – Deutschland verzichtete.
- Die meisten Titel als Trainer holte der Italiener Vittorio Pozzo (1934 und 1938).
- Miroslav Klose hat bei jeder seiner WM-Teilnahmen eine Medaille gewonnen.
- Ungarn hält gleich zwei Weltmeisterschaftsrekorde: Für den höchsten Sieg (10:1 gegen El Salvador im Jahr 1982) ...
- ... und damit auch zeitgleich den Rekord als diejenige Mannschaft, die bisher in einem einzigen WM-Spiel 10 Tore geschossen hat.
- Die erste WM der Männer gab es im Jahr 1930. Damals nahmen immerhin schon 13 Nationen teil. Aus heutiger Sicht natürlich überschaubar, aber damals schon ein großer Erfolg.
- Gerade einmal 300 Zuschauer haben sich die WM-Partie Rumänien gegen Peru im Jahr 1930 angeschaut – solche Zahlen kennt man heutzutage nur noch vom Amateurfußball.

- Das Spiel mit den meisten Zuschauern war dagegen Brasilien gegen Uruguay 1950. Da waren rund 173.850 Personen zugegen. (Einigen Quellen zufolge sollen es sogar fast 199.000 gewesen sein.)
- Das allererste Tor in einer WM schoss der Franzose Lucien Laurent im Jahr 1930 gegen Mexiko.
- Den allerersten Platzverweis erhielt Placido Galindo 1930 bei der Partei Peru gegen Rumänien.
- Den ersten Elfmeter verwandelte Manuel Rosas 1930 in der Partei Mexiko gegen Argentinien.
- Der jüngste Trainer bei einer Weltmeisterschaft war Juan José Tramutola, der 1930 die Argentinier coachte (damals 27 Jahre jung).
- Guillermo Stábile war der erste WM-Torschützenkönig. Er traf in vier Spielen achtmal.
- Im WM-Finale 1930 herrschte dicke Luft zwischen Uruguay und Argentinien. Die beiden Teams stritten tatsächlich darum, mit welchem Ball gespielt werden sollte. In der ersten Halbzeit wurde dann mit dem Ball der Argentinier gespielt, die prompt in Führung gingen. In der zweiten Halbzeit dann mit dem Ball von Uruguay – das Team konnte das Spiel bekanntlich noch drehen und holte sich den Titel.
- Den ersten WM-Hattrick schaffte der deutsche Spieler Edmund Conen 1934 gegen Belgien.
- Die WM 1934 ging als „Skandal-WM" in die Geschichte ein. Mussolini wollte sie zu Propaganda-Zwecken nutzen und

half ein wenig nach, damit Italien Weltmeister wird. Die Rede ist von „verpfiffenen" Spielen an allen Ecken.

- Deutschland nahm 1934 zum ersten Mal an einer WM teil – damals allerdings noch als „Deutsches Reich" unter dem Trainer Otto Nerz.
- 1938 boykottierten die südamerikanischen Länder (mit Ausnahme von Brasilien) geschlossen die Weltmeisterschaft. Sie protestieren dagegen, dass sie erneut in Europa stattfand (1934 in Italien und 1938 in Frankreich).
- 1938 nahm eine österreichisch-deutsche Mannschaft an der WM teil, unter der Leitung von Sepp Herberger. Sie schied im Achtelfinale aus.
- Im Spiel gegen Brasilien brach sich der tschechische Torwart 1938 zu Beginn der zweiten Halbzeit den Arm, hielt seinen Kasten aber sauber. Außerdem verletzte sich der Stürmer am Bein.
- 1950 hatten sich die Inder für die WM qualifiziert. Da sie aber nicht barfuß antreten durften, sagten sie ihre Teilnahme kurzerhand ab.
- Aufgrund der Geschehnisse vor und während des Zweiten Weltkrieges durfte Deutschland nicht an der WM 1950 teilnehmen.
- Vier Jahre später durfte das Team wieder teilnehmen – und schnappte sich prompt den Titel! (Übrigens ebenfalls unter Sepp Herberger.)

- 1954 wurden auch erstmals WM-Spiele im deutschen Fernsehen übertragen.
- Südkorea musste 1954 die bislang meisten Gegentore in einer WM einstecken: Ganze 16 Stück!
- Das WM-Finale 1954, das auch „Das Wunder von Bern" genannt wird, ist bisher das Einzige, das bei Fritz Walter-Wetter (also im Regen) stattfand.
- Die meisten Tore innerhalb eines Spiels sind aber in einer ganz anderen Partie gefallen: Und zwar während der „Hitzeschlacht von Lausanne" in 1954. Dort hat Österreich die Schweiz mit 7:5 geschlagen.
- 1958 gab es das erste torlose Match in der WM-Geschichte: die Partie England gegen Brasilien.
- Dafür sorgte Brasilien dann im Finale für das torreichste Endspiel aller Zeiten (5:2 gegen den Gastgeber Schweden).
- Ebenfalls ganz schön torreich war das Spiel um Platz 3: Deutschland verlor 3:6 gegen Frankreich.
- Es gibt wohl kaum jemanden, der Pelé nicht kennt – aber wusstest du auch, dass er nach wie vor den Rekord als jüngster Hattrick-Schütze in einem WM-Finale hält? Diesen Rekord stellte er 1958 gegen Schweden auf.
- Pelé hält tatsächlich nach wie vor noch zwei weitere WM-Rekorde: einmal als jüngster Weltmeister (17 Jahre alt, 1958) ...
- ... und auch als jüngster Torschütze (ebenfalls 1958).

- Die „Schlacht von Santiago“ fand bereits 1962 statt. Dabei handelt es sich um die Partie Italien gegen Chile, die mehrmals unterbrochen werden musste, weil es zu diversen Handgreiflichkeiten auf dem Platz kam. Zwei Italiener mussten sogar von der Polizei vom Platz geführt werden.
- Bei der Weltmeisterschaft 1962 in Chile setzte der spätere Gewinner Brasilien, von allen in den Kader nominierten Spielern, nur 12 ein – während des gesamten Turniers!
- Kein Tor der Welt ist so berühmt wie das „Wembley-Tor“ aus dem Jahr 1966. Im Finale England gegen Deutschland fiel in der Verlängerung ein Tor für England, dass noch Jahrzehnte später für Diskussionen sorgte: War der Latte-Tor-Treffer tatsächlich mit dem gesamten Umfang hinter der Linie oder nicht? Der Schiedsrichter entschied für „Ja“ und zählte das Tor. Späteren Untersuchungen der Oxford University zufolge soll dies aber eine Fehlentscheidung gewesen sein. So oder so ändert das für Deutschland nichts: Die Engländer konnten das Spiel mit 4:2 gewinnen und holten sich den Pokal.
- Während der gesamten WM 1966 wurde keine einzige Nationalhymne vor Spielbeginn gespielt. Das ist bisher einzigartig in der Turniergeschichte.
- Dafür gab es erstmals ein WM-Maskottchen: Willie war sein Name.
- Zeitgleich fanden bei dieser Weltmeisterschaft erstmals Dopingkontrollen statt. Stichprobenartig wurden nach jedem Spiel von jeweils zwei Spielern beider Mannschaften Urinproben genommen.

- Funfact: Die Franzosen brachten sich 1966 rund 1.500 Liter Rotwein mit, weil sie den Briten in Sachen Getränke nicht über den Weg trauten. Santé!
- Beim Turnier 1970 wurden erstmals Karten eingesetzt. Vorher wurden Spieler immer nur mündlich verwarnt, bevor sie vom Platz gestellt wurden.
- Dadurch entstand übrigens auch die Sache mit der „Arschkarte" – tatsächlich hatte der unterschiedliche Aufbewahrungsort der Karten auch damit zu tun, dass die Fernseher früher nur schwarz-weiß übertrugen: Die TV-Zuschauer konnten die Farben nicht unterscheiden, deshalb wurde die Rote Karte zur „Arschkarte".
- 1970 war die letzte WM, bei der der Gewinner die „Coupe Jules Rimet" erhielt – danach entwarf die FIFA den neuen Pokal, der auch heute vergeben wird.
- Infolgedessen durfte Brasilien, das die WM 1970 gewann, die alte Trophäe auch behalten – schließlich kam sie danach ja nicht mehr zum Einsatz.
- Im Umkehrschluss war Deutschland demnach das erste Land, das den neuen Pokal gewann.
- Der WM-Pokal ist 36,8 Zentimeter groß, wiegt 6,175 kg und, da er aus 18-karätigem Gold besteht, rund 120.000 Euro wert.
- Auch bei der WM 1970 sorgte ein Match mit deutscher Beteiligung für Aufsehen: Der Halbfinalkrimi gegen Italien. Er war geprägt von einer ständigen Aufholjagd. Mal führte

Italien, dann wieder Deutschland. Schlussendlich gewannen die Italiener jedoch mit 4:3 in der Verlängerung.

- Auch fußballerisch wird die WM von 1970 als die bisher Beste eingestuft.
- Im Spiel gegen Italien hatte sich Franz Beckenbauer in der zweiten Halbzeit das Schultergelenk gebrochen, spielte aber dennoch die gesamte Partie durch. Das würde es heute wohl nicht mehr geben.
- Die allererste Rote Karte erhielt der Chilene Carlos Caszely bei der WM 1974.
- 1974 fuhr Chile zur WM – dank eines Militärputsches, der wenige Tage vor dem Quali-Spiel, gegen die UdSSR stattfand. Da sich Chile und die FIFA nicht bezüglich eines neutralen Austragungsortes einigen konnten, trat das russische Team die Reise erst gar nicht an. Chile lief ohne Gegner auf, schoss direkt ein Tor – und durfte zur WM.
- Pünktlich zur WM 1974 in Deutschland gab es den ersten offiziellen DFB-Song: „Fußball ist unser Leben" wurde von Jack White gesungen.
- Uli Hoeneß trat gegen die Niederlande mit Fieber an.
- Zudem foulte er Johan Cruyff schon in der ersten Minute im eigenen Strafraum – noch bevor ein Deutscher überhaupt einen einzigen Ballkontakt hatte. Die Niederlande gingen mit 0:1 in Führung, aber bekanntlich konnten die Deutschen das Spiel noch wenden.

- Das Siegtor in dieser WM schoss Gerd Müller. Es war sein Letztes in der Nationalmannschaft und das 14. Tor, das er bei einer WM geschossen hatte.
- Eine andere Begegnung erhielt den Spitznamen „Wasserschlacht von Frankfurt". Trotz aller Bemühungen der Feuerwehr, den Platz halbwegs von den Wassermassen zu befreien, war der Wolkenbruch vor der Partie Deutschland gegen Polen so heftig, dass es noch Pfützen auf dem Rasen gab. Das Spiel wurde, wenn auch mit einiger Verspätung, dennoch angepfiffen.
- Gegen die DDR-Elf (in der Gruppenphase) musste einzig die Mannschaft der BRD eine Niederlage im Turnierverlauf einstecken – und zog demnach hinter der DDR als Gruppenzweiter in die K. O.-Runde ein.
- 1978 fand die WM in Argentinien statt. Trotz Militärdiktatur vor Ort gab es kaum Proteste von außerhalb. Nicht so wie bei der WM 40 Jahre zuvor in Frankreich.
- Dafür ging dieses Turnier als „schmutzigste und traurigste WM aller Zeiten" in die Fußballchroniken ein.
- Das meistumstrittene und (mittlerweile nachgewiesen) gekaufte Spiel bzw. Ergebnis war das von Argentinien und Peru, welches der Gastgeber „überraschend" mit 6:0 gewann. Wenig später erhielt Peru diverse materielle und wirtschaftliche Subventionen.
- Im Finale standen sich schließlich Argentinien und die Niederlande gegenüber, der Gastgeber gewann.

- Es war das erste Finale seit dem Zweiten Weltkrieg, in dem weder Deutschland noch Brasilien auf dem Platz standen.
- Diese Besonderheit wiederholte sich dann auch erst wieder 2006.
- Für das Finalspiel war zudem ein Aschenbecher in der Coachingzone aufgestellt worden, da beide Trainer bekennende Kettenraucher waren.
- Für Ärger sorgte der Gipsverband des Niederländers Van de Kerkhof. Die Argentinier bestanden darauf, dass dieser mit weichem Tape zu umwickeln sei. Gesagt, getan. Aus Wut ließ der Coach daraufhin seine gesamte Mannschaft – und nicht nur Van de Kerkhof – in die Kabine gehen, bis der Verband gemacht war, damit die eigentliche Startelf auch wirklich auflaufen konnte.
- Für Deutschland wiederum hielt das Turnier die „Schmach von Córdoba" bereit: Trotz früher Führung verlor man schließlich 2:3 gegen Österreich – unter anderem wegen eines Eigentores von Berti Vogts.
- 1982 sorgten vor allem zwei Spiele mit deutscher Beteiligung für Schlagzeilen: „Der Nichtangriffspakt von Gijón" (Deutschland gegen Österreich) und „Die Nacht von Sevilla" (Deutschland gegen Frankreich).
- Der älteste Weltmeister ist übrigens der italienische Keeper Dino Zoff. Bei Titelgewinn 1982 war er 40 Jahre alt.
- Dass die WM 1982 in Spanien stattfinden sollte, wurde bereits 1966 von der FIFA entschieden – keine WM wurde

jemals früher festgelegt.

- 1982 sorgten die deutsche und österreichische Nationalmannschaft für Furore: Bei einem taktisch klugen „Standfußballspiel“ schob man sich den Ball nach dem 1:0 für Deutschland nur noch lustlos hin und her. Der Hintergrund: Dieses Ergebnis in der Vorrunde ermöglichte es beiden Teams, weiterhin im Turnier zu bleiben. Dieses Match wird oft auch als „Schande von Gijón“ oder „Nichtangriffspakt von Gijón“ bezeichnet.

- Doch diese Aktion blieb nicht ohne Folgen. Seit 1994 finden die letzten Vorrundenspiele gleichzeitig statt und die Rückpassregel wurde eingeführt, um sowohl das Taktieren zwischen den Teams als auch das Zeitschinden innerhalb einer Mannschaft zu unterbinden.

- Die schnellste Rote Karte ging an einen Südamerikaner: 1986 sah José Alberto Batista aus Uruguay im Spiel gegen Schottland Rot. Und zwar schon nach 54 Sekunden!

- Bei der WM von 1986 schwappte die allererste La-Ola-Welle durch die Stadien – heute kann man sie sich gar nicht mehr wegdenken.

- In diesem Turnier wurden 71 % aller argentinischen Tore entweder von Diego Maradona vorbereitet – oder selbst verwandelt.

- Im selben Turnier schoss er zudem das „WM-Tor des Jahrhunderts”, nachdem er die gesamte englische Abwehr inklusive Torwart umspielt hatte und den Ball nach seinem 60

Meter-Dribbling nur noch ins leere Tor kullern lassen musste.

- Das Finale wurde ebenfalls zu einem echten Hingucker: Deutschland lag lange 0:2 zurück, schaffte dann in wenigen Minuten den Ausgleich bis zur 84. Minute – und dann erzielte Burruchaga das Siegtor für Argentinien.
- 1990 wurde Lothar Matthäus zum allerersten „Fußballer des Jahres" gewählt.
- In diesem Jahr konnte Deutschland Argentinien im Finale schlagen. Es war das erste Mal, dass eine europäische Mannschaft eine südamerikanische im Finale besiegte.
- Kurios: Beide Halbfinalspiele endeten per Elfmeterschießen und mit einem Endstand von 4:3. Dabei setzte sich Argentinien gegen Italien durch und Deutschland gegen England.
- Deutschland hat das Finale durch einen Elfmeter gewonnen, den Andi Brehme in der 85. Minute verwandelt hatte.
- Es war auch das erste WM-Finale, das durch einen Strafstoß entschieden wurde.
- Zuvor hatte Lothar Matthäus die Ausführung abgelehnt, da er in der Halbzeit das Schuhwerk hatte wechseln müssen.
- Bei der Qualifikation für die WM 1990 wurde der chilenische Keeper im Spiel Chile gegen Brasilien vermeintlich von einem Feuerwerkskörper getroffen. Schnell kamen jedoch Zweifel daran auf und eine spätere FIFA-Untersuchung zeigte dann: Er hatte sich selbst mit einer Rasierklinge am Kopf verletzt, um einen Spielabbruch und einen durch die

FIFA zugesprochenen Sieg Chiles zu provozieren. Natürlich wurde der Sieg nach dieser Erkenntnis Brasilien zugesprochen und der Torwart Roberto Rojas sowie der Trainer und der Teamarzt lebenslang gesperrt.

- Bei der WM 1990 goss Frank Rijkaard erneut Öl ins Feuer der deutsch-niederländischen Rivalität, als er Rudi Völler ins Haar spuckte.
- 1994 stellte Oleg Salenko aus Russland den Rekord für die meisten Tore innerhalb einer Partie auf: Er schoss gegen Kamerun fünf Tore.
- Besonders schockierend und unvergessen ist dieser WM-Moment: 1994 schoss Andrés Escobar gegen die USA ein Eigentor – und wurde wenige Tage später in seiner kolumbianischen Heimat erschossen. Man geht davon aus, dass die Mafia dahintersteckt, denn sie hatte durch das WM-Aus eine Menge Wettgelder verloren.
- Die WM 1994 war auch für Diego Maradona unschön: Er wurde wegen Dopingvorwürfen gesperrt. Bitter: Später kam heraus, dass er gar nicht wusste, dass ihm dieser Aufputsch-Cocktail von einem Coach verabreicht wurde. Hätte ihm aber vorher auch kaum jemand geglaubt, denn 1991 war er bereits für 15 Monate gesperrt, weil ihm Kokainkonsum nachgewiesen worden war.
- 1994 folgte dann das erste WM-Finale, das per Elfmeterschießen entschieden werden musste.

- Roberto Baggio verschoss den entscheidenden italienischen Elfmeter, wodurch Brasilien mit 3:2 gewann.
- Deutschland führte im Viertelfinale gegen Bulgarien bis zur 75. Spielminute mit 1:0, ließ sich den Sieg aber dann binnen drei Minuten aus der Hand reißen und musste nach Hause fahren.
- Der Kameruner Roger Milla ist mit seinen 42 Jahren der bislang älteste WM-Torschütze.
- 1998 fand die WM erneut in Frankreich statt. Dort kam es auch zu unschönen Szenen mit deutschen Hooligans, die unter anderem einen Polizisten schwer verletzten.
- Bei diesem Turnier traten – erstmals in der WM-Geschichte – 32 Teams an, die dann in vier Achtergruppen aufgeteilt wurden.
- Im Viertelfinale spielte Deutschland in Unterzahl. Christian Wörns sah nach einer Notbremse rot. Letztlich verlor die ohnehin schwächelnde DFB-Elf gegen Kroatien (0:3) und musste die Heimreise antreten.
- Das erste Golden Goal der WM-Geschichte schoss der Franzose Laurent Blanc (1998).
- 2002 hatte die WM in Asien gleich zwei Gastgeber: Südkorea und Japan.
- Die Türkei wurde mit ihrem Sieg gegen Südkorea überraschend Dritter. Dazu kommt das schnellste WM-Tor aller Zeiten von Hakan Şükür (nach nur 11 Sekunden).

- Deutschland schaffte es dank Michael Ballack ins Finale (ebenfalls mit einem Sieg gegen Südkorea). Da er aber eine Gelbe Karte bekommen hatte, durfte er am entscheidenden Match gegen Brasilien selbst nicht mitwirken.
- 2006 sollte dann also das „deutsche Sommermärchen" stattfinden. Unter dem Motto „Die Welt zu Gast bei Freunden" fand die WM erstmals im wiedervereinigten Deutschland statt.
- Das Finale entschied sich zwischen Italien und Frankreich im Elfmeterschießen – zugunsten der Squadra Azzura, nachdem der Franzose Trezeguet die Latte traf.
- Unvergessen bleibt wohl auch Jens Lehmanns „Spickzettel" beim Elfmeterschießen gegen Argentinien. Deutschland sicherte sich damit das Ticket fürs Halbfinale, wo man gegen den „Angstgegner" Italien verlor.
- 2006 war die Schweiz die erste Mannschaft überhaupt, die ohne Gegentor aus dem Turnier ausschied.
- Im Achtelfinale zwischen Portugal und den Niederlanden gab es vier Platzverweise – definitiv ein Negativrekord in der WM-Geschichte.
- Otto Rehhagel war 2010 als Coach der Griechen der älteste Trainer bei einer Weltmeisterschaft.
- Neuseeland blieb 2010 zwar unbesiegt, schied aber dennoch in der Gruppenphase aus. Durch drei Unentschieden hatte die Mannschaft insgesamt zu wenig Punkte für ein Weiterkommen.

- 2010 standen zum ersten Mal weder Brasilien noch Deutschland, Italien oder Argentinien im Finale. Stattdessen trafen Spanien und die Niederlande aufeinander.
- Die Niederlande liefen im Finale sogar tatsächlich mit den Rückennummern 1–11 auf. Das gab es zuletzt 1954!
- Manuel Neuer ist der erste Torwart seit 44 Jahren, der einen Scorerpunkt erhielt. Den verdiente er sich in der Partie gegen England, als sein Pass auf Klose zum Tor führte.
- Die Partei enthielt allerdings auch ein umgekehrtes Wembley-Tor: Ein Latte-Tor-Treffer von Frank Lampard wurde nicht gezählt, obwohl später gezeigt wurde, dass der Ball hinter der Linie war. An dem Sieg für Deutschland hätte sich aber nicht viel geändert, das Match endete 4:1.
- 2010 sorgten zudem „Les Bleus" für Aufsehen, als sie sich geschlossen gegen ihren Trainer stellten. Nachdem dieser Nicolas Anelka rausgeworfen hatte, boykottierten die Franzosen das Training – und verloren die anschließende Partie gegen den Gastgeber aus Südafrika.
- 2014 fand die WM in Brasilien statt. Bekanntlich bescherte sie Deutschland den vierten Titel. Zeitgleich war dies das erste Mal, dass ein Team aus Europa eine WM gewan, die in Lateinamerika ausgetragen wurde.
- Mario Götze hat im Finale das Siegtor gegen Argentinien geschossen – in der 113. Minute. Das Besondere daran: Als Jogi Löw ihn in der 88. Spielminute eingewechselte, soll er zu Mario gesagt haben: „Zeig der Welt, dass du besser bist als

Messi."

- Seit Miro Klose das 0:2 gegen Brasilien geschossen hat, ist er der neue WM-Rekordtorjäger: Mit 16 Toren in WM-Endrunden. Damit hat er zum Abschluss seiner Karriere den Rekord von Ronaldo (15 Tore) gebrochen.
- Zugleich hat „Miro" noch einen weiteren Rekord gebrochen: Er ist der bisher einzige deutsche Nationalspieler, der bei vier Weltmeisterschaften im Finale stand.
- Der WM-Titel, den Deutschland 2014 gewann, war der Erste als wiedervereintes Land.
- 1998 und 2014 fielen die meisten Treffer bei einer WM (jeweils 171).
- Ebenfalls kurios: Die WM 2014 hat in Deutschland einen Mini-Babyboom ausgelöst. Es wurden neun Monate später nämlich rund 30 % mehr Kinder geboren als normalerweise.
- Die schnellste Gelbe Karte in der Turniergeschichte wurde bereits nach 15 Sekunden gezückt – 2018 im Vorrundenspiel Mexiko gegen Schweden. Verwarnt wurde Jesús Gallardo.
- So erfolgreich die Qualifikationsrunde für die WM 2018 aus deutscher Sicht verlief (10 Siege in 10 Spielen), so blamabel sollte das eigentliche Turnier in Russland enden: Als amtierender Weltmeister schied die DFB-Elf bereits in der Vorrunde aus – nach einer mehr als peinlichen Niederlage gegen Südkorea.
- Doch auch viele andere Titelfavoriten taten sich schwer und schieden nach und nach aus. Einzig die Franzosen machten

es besser und besiegten schließlich die Kroaten im Finale mit 4:2.

- Italien hatte sich wiederum, zum ersten Mal seit 1954, gar nicht erst für die Weltmeisterschaft qualifiziert.
- Eine weitere Kuriosität der WM in Russland war, dass mehr Tore nach Eckbällen, Freistößen und Co. erzielt wurden als sonst. Deshalb wird das Turnier auch oft „WM der Standard-Tore“ genannt.
- Zudem gab es eine (nach wie vor umstrittene) Neuerung: 2018 wurden zum ersten Mal Videoassistenten, sogenannte VAR, eingesetzt.
- Eine weitere Neuerung bestand darin, dass es nun möglich war, in der Verlängerung, bei Bedarf, eine vierte Auswechslung durchzuführen – davon machte Russland im Achtelfinale gegen Spanien in der 97. Spielminute Gebrauch.
- Neben den Italienern konnten sich auch die Niederlande nicht für die WM in Russland qualifizieren, wofür es von deutscher Seite viel Häme und Spott gab. Böse Zungen behaupten, das frühe Ausscheiden von Jogis Jungs sei daher Karma gewesen …
- Kurz bevor die WM 2018 begann, gab es mediales Aufsehen und einen Shitstorm für Mesut Özil (s. Kapitel 4). Doch nicht nur Özil wurde kritisiert, auch der DFB bekam sein Fett weg: Man sei mit der Situation falsch umgegangen und hätte vor allem, nach Befinden vieler deutscher Fans, Mesut Özil von der WM-Teilnahme ausschließen sollen.

- Das Eröffnungsspiel der WM 2022 wird in einer Stadt stattfinden, die es zum Zeitpunkt der Bestimmung Katars als Gastgeber noch gar nicht gab. Die Stadt heißt Lusail.
- Die Vergabe der WM 2022 an Katar sorgte in vielen (vor allem europäischen) Ländern für Unmut: Nicht nur, dass Katar eigentlich keine klassische Fußballnation ist … nein, vor allem die Tatsache, dass das Turnier in der Winterzeit (November/ Dezember) stattfinden soll und dadurch sämtliche Fußball-Kalender durcheinanderbringt, stößt auf Widerwillen. Außerdem wird behauptet, dass Katar Menschenrechte verletzt.
- Immerhin: Public Viewing findet dann wahrscheinlich auf den Weihnachtsmärkten statt – mit Glühwein in der Hand statt kühlem Bier.
- Die WM 2026 soll dann in Zentral- und Nordamerika stattfinden. Gastgeber werden die USA, Kanada und Mexiko sein.

Fanfreundschaften & Rivalitäten, Derbys

BUNDESLIGA

Freundschaften

Tatsächlich gibt es im deutschen Fußball nicht nur Rivalitäten, sondern auch Freundschaften.

- Seit 1994 gibt es eine Fanfreundschaft zwischen Werder Bremen und Rot-Weiß-Essen.
- Auch die Dortmunder verstehen sich super mit RWE – vor allem, weil sie beide Schalke als Feind haben.
- Seit 1980 gibt es bereits eine enge Bindung zwischen Bayer Leverkusen und den Kickers Offenbach. Inoffiziell-offizielles Motto: „Dem einen der Rhein, dem anderen der Main.“. Die Freundschaft entstand übrigens, nachdem ein Frankfurter Spieler einen Leverkusener stark gefoult hatte, und einige Offenbacher Fans beim Rückspiel aus Solidarität den Bayer-Fanblock unterstützten.
- Ähnlich alt ist die Freundschaft zwischen Schalke und Nürnberg. Sie soll als Reaktion auf die Münchener entstanden sein. Unvergessen bleibt die gemeinsame Choreo Ende 2018, die einmal quer durchs ganze Stadion ging.

- Ein gemeinsamer Kneipenbesuch besiegelte 1976 die Fanfreundschaft zwischen Gastgeber Karlsruher SC und den Herthanern. Diese ging mittlerweile sogar auf den Gesamtverein über, sodass beide Teams auch regelmäßig Testspiele gegeneinander austragen.
- Unglaublich, aber wahr: Selbst der FC Bayern hat Freunde. Genauer gesagt eine seit 1973 bestehende Fanfreundschaft mit dem VfL Bochum. Das ist sogar die Älteste in der Bundesliga. Die Entstehung ist allerdings nicht restlos geklärt. Angeblich sind Bochumer Fans auf Bayern-Fans losgegangen. Daraufhin ging der Bochumer Fanclub „Bochumer Jungs" dazwischen und schützte die Gäste aus München. So wurde aus Feindschaft dann Freundschaft.

Weitere bekannte und weniger bekannte Freundschaften:

- Der BVB und die Kölner sowie die Kölner und St. Pauli.
- St. Paulis Fans machen zudem auch gemeinsame Sache mit denen von Werder Bremen. Wenig verwunderlich, angesichts des gemeinsamen Feindes HSV…
- Rivale Hamburg sympathisiert derweil mit Bielefeld und Hannover 96.
- Die Roten Teufel aus Kaiserslautern finden Unterstützung beim TSV 1860 München und umgekehrt.
- Die Dortmunder haben auch im Süden Freunde – genauer gesagt in Freiburg. Allerdings scheint diese Fanfreundschaft in den letzten Jahren auseinander zu bröckeln.
- Die Fans des VfB Stuttgart feuern auch regelmäßig Energie

Cottbus an. Ob das an den ähnlichen Vereinsfarben und Trikots liegt, ist unklar.

- Es gibt sogar eine trilaterale Freundschaft im deutschen Fußball: zwischen Kaiserslautern, Werder Bremen und 1860 München.

Rivalitäten und Derbys

Im Fußball ist natürlich selten alles Friede, Freude, Eierkuchen. Das sind die krassesten Derbys und Rivalitäten zwischen den großen deutschen Vereinen:

- Ein Klassiker in Sachen Rivalität: Schalke und Dortmund. Dazu muss man nicht viel sagen, oder?
- Der HSV hat gleich zwei Kontrahenten: einmal Werder Bremen und dann natürlich noch St. Pauli in der eigenen Stadt.
- Auch wenig überraschend: Zu den bekanntesten Rivalitäten und (seltenen) Derbys gehören die vom 1. FC Bayern München und dem TSV 1860 München.
- Eine ebenso tiefgehende Rivalität besteht zwischen dem FCB und den Dortmundern.
- Ein Süd-Derby mit Strahlkraft ist immer das Aufeinandertreffen des KSC und der Stuttgarter.
- Berühmt-berüchtigt sind auch die Derbys zwischen den Main-Rivalen Eintracht Frankfurt und Offenbacher Kickers.
- Auch Braunschweig und die Hannoveraner sind sich nicht gerade grün.

- Ähnlich verhält es sich bei Nürnberg und der SpVgg Greuther Fürth. Manch einer munkelt, es sei die älteste Feindschaft im deutschen Fußball.
- Die Kölner können nicht nur Karneval. Sie können auch knallharte Gegner sein – vor allem gegen die Fortuna-Elf aus Düsseldorf!
- Wenig überraschend sind auch die beiden Berliner Clubs Hertha BSC und 1. FC Union Berlin nicht gerade Freunde fürs Leben.
- Auch die Fohlen haben Feinde: Den Gladbachern sind die Kölner nicht wohlgesonnen.
- Auch im Südwesten geht es heiß her, nämlich immer dann, wenn Kaiserslautern auf Waldhof Mannheim trifft.
- Die Hannoveraner haben folgende Feinde auf dem Radar: Werder Bremen, den HSV und St. Pauli.
- Bayer Leverkusen wiederum ist mit den Geißböcken aus Köln verfeindet.
- Hertha hasst Schalke – nicht nur die Unioner.
- Union wiederum kann Dynamo Berlin überhaupt nicht ab.
- RB Leipzig zählt irgendwie generell zu den meistgehassten Vereinen Deutschlands. Vermutlich sind nur noch die Bayern unbeliebter ...
- Eine weitere Feindschaft aus dem Osten besteht zwischen Dynamo Dresden und Hansa Rostock.

- Rostock ist außerdem auch nicht gut auf St. Pauli zu sprechen.
- Bochum und Bielefeld – zwei Vereine, die auf den jeweils anderen gut verzichten könnten.
- Im Rhein-Main-Gebiet gehts rund: Die größten Rivalen der Mainzer sind Kaiserslautern und die Eintracht aus Frankfurt.
- Im Süden kracht es vor allem zwischen Hoffenheim und Freiburg, aber auch die Stuttgarter sind bei beiden nicht gerne gesehen.
- Ähnlich wie in München, Berlin und Hamburg gibt es auch in Stuttgart ein Stadtderby: VfL gegen Kickers.

INTERNATIONAL

Freundschaften

- Der 1. FC Bayern hat Freunde beim Nachbarn aus Frankreich, und zwar bei AJ Auxerre.
- Der HSV wiederum hat Freunde „drüben auf der Insel" - nämlich die Glasgow Rangers.
- Auch ein weiterer Verein der schottischen Stadt hat deutsche Unterstützer: Celtic Glasgow und der BVB verstehen sich blendend.
- Celtic Glasgow darf sich zudem auch über Support aus St. Pauli freuen – wenig verwunderlich, wenn der HSV für die Rangers eintritt, oder?

- Die Gladbacher unterstützen derweil den FC Liverpool.
- Und die Liverpooler machen es dem BVB und St. Pauli gleich: Auch sie haben innige Fanfreundschaften mit Celtic geschlossen.
- Eine ganz besondere Freundschaft verbindet die Fans von Chapecoense und Atletico National: Die beiden Teams hätten 2016 im Finale der Copa Sudamericana gegeneinander antreten sollen. Doch bei der Anreise kam fast die gesamte Mannschaft von Chapecoense bei einem Flugunglück ums Leben. Die Atletico-Fans organisierten im Stadion spontan eine Trauerfeier und der Verein überließ Titel und Siegprämie den Überlebenden.

Rivalitäten und Derbys

- Die wohl bekannteste Rivalität der Welt ist „El Clásico", also die Rivalität zwischen Real Madrid und dem FC Barcelona.
- In Italien gibt es ein berühmt-berüchtigtes Derby zwischen Inter Mailand und dem AC Mailand. Besonders brisant: Die beiden Protagonisten des „Derby della Madonnina" entsprangen ursprünglich ein und demselben Verein.
- Noch krasser als die Rivalität zwischen dem BVB und Schalke 04 ist die zwischen Galatasaray und Fenerbahçe. Weil beide Vereine zwar aus derselben Stadt (Istanbul), doch von unterschiedlichen Kontinenten (Europa bzw. Asien) stammen, spricht man oft auch vom „Interkontinentalen Derby" – Ärger ist häufig vorprogrammiert, sogar innerhalb von Familien.

- Auch Manchester kann mit einem Stadtderby aufwarten: Manchester United gegen Manchester City.
- Wenig überraschend dürfte auch die schottische Rivalität zwischen den Glasgow Rangers und Celtic Glasgow sein.
- Apropos UK. Auch in England gibt es bekannte Rivalitäten: das „Merseyside Derby“ zwischen dem FC Everton und dem FC Liverpool.
- Das „Super Clásico“ aus Argentinien ist schon fast ein regelrechter Klassenkampf. Während die soziale Oberschicht eher River Plate unterstützt, versammeln die Boca Juniors vor allem eine Anhängerschaft aus den unteren Schichten hinter sich.
- Ähnlich ist es auch in Wien, wenn Austria Wien (eher gutbürgerliche Schicht) gegen Rapid Wien (als Arbeiterverein gegründet) antritt – ein regelrechter Ausnahmezustand befällt dann die österreichische Hauptstadt.
- Das „Derby de Lisboa“ ist, wie der Name schon ankündigt, das portugiesische Stadtderby zwischen Sporting Lissabon und Benfica Lissabon.
- In Kroatien gibt es derweil das „Ewige Derby“ zwischen Dinamo Zagreb und Hajduk Split. Aufgrund seiner teilweisen Brutalität hat es schon für den einen oder anderen Schockmoment in der Fußballgeschichte gesorgt.
- Auch in Griechenland gibt es eine Rivalität, die regelmäßig in gewaltsamen Ausschreitungen zwischen den Anhängern

endet. Die Rede ist vom „Derby der ewigen Feinde" Panathinaikos und Olympiakos.

- Wenn du mal in Serbien Urlaub machst, solltest du dich möglicherweise nicht in der Hauptstadt aufhalten, wenn dort gerade Red Star Belgrade gegen Partizan Belgrade spielen, denn dann werden öffentliche Plätze regelmäßig zu richtigen Schlachtfeldern.
- Ähnlich schlimm ist es in Bosnien und Herzegowina, wenn HSK Zrinjski und FK Velez gegeneinander spielen.
- Das bekannteste Duell aus den Niederlanden entspringt der Rivalität zwischen Rekordmeister Ajax Amsterdam und Feyenoord Rotterdam.
- In Italien hat nicht nur Mailand ein spannendes Stadtderby zu bieten, sondern auch die Hauptstadt Rom: Sowohl der AS Rom als auch Lazio Rom sind erfolgreiche Vereine und deren Aufeinandertreffen immer entsprechend nervenaufreibend.
- Nicht ganz so bekannt wie einige der zuvor genannten, aber dennoch ein mit Spannung erwartetes Duell, ist jedes Mal das Match zwischen Echte Sociedad und Athletic Bilbao.
- Unser Nachbar Frankreich hat auch ein „Classique" zu bieten: Wann immer Paris Saint-Germain und Marseille aufeinandertreffen, brennt die Luft.
- Real Madrid kämpft nicht nur gegen Barça, sondern auch lokal im Derby gegen Atlético de Madrid.
- Arsenal London hat seinen größten Rivalen in den Fußballern von Tottenham Hotspur gefunden.

- Und wenn wir schon bei England sind: Auch die Rivalität zwischen Liverpool und ManU ist eine der Schärfsten im europäischen Fußball.
- Dieses Lokalderby sorgt in Spanien auch oft für Aufsehen: Betis Sevilla gegen den FC Sevilla.
- In Moskau hingegen fiebern die Fans regelmäßig dem Derby Spartak Moskau gegen ZSKA Moskau entgegen.
- In Mexiko spaltet die Rivalität zwischen UANL Tigres und dem FC Monterrey, dem „Regiomontano Derby", regelmäßig die Bevölkerung.
- Eines der weltweit ältesten Derbys gibt es schon seit 1900 in Uruguay: National Montevideo gegen CA Peñarol.

NATIONALMANNSCHAFTEN

Natürlich gibt es nicht nur in den Ligen aller Herrenländer Rivalitäten, sondern auch zwischen den Nationalmannschaften. Die „Mutter aller Rivalitäten“: Deutschland und England.

- Auslöser und dir sicherlich bereits bekannt – das berüchtigte Wembley-Tor von 1966. Bis heute umstritten, führte dieser „Vielleicht“-Treffer zum 3:2-Sieg der Engländer.
- 1996 gewann Deutschland dann das Elfmeterschießen gegen England. So weit, so gut ... allerdings stieß den britischen Fans sauer auf, dass Andreas Möller seinen Siegtreffer mit einer obszönen Geste feierte.

Ähnlich lange gibt es bereits die Rivalität mit den Niederlanden:

- Die Konkurrenz begann bei der WM 1974. Aus Sicht der Oranjes holte Deutschland den Tite nur dank einer Schwalbe. Doch insgesamt spricht die Statistik aus 40 Spielen bisher für Deutschland: 15 Siege, 15 Unentschieden und nur 10 Niederlagen.
- Den Höhepunkt der Rivalität markiert das Halbfinale der EM 1988: Nachdem der Niederländer Ronald Koeman nach dem Sieg seiner Mannschaft mit Olaf Thon das Trikot getauscht hatte, wischte er sich damit demonstrativ den Hintern ab. Mehr muss man dazu wohl nicht sagen ...
- Für einen weiteren Aufreger auf deutscher Seite sorgte Frank Rijkaard 1990 – er hatte Rudi Völler mitten im Spiel angespuckt. Der Schiedsrichter hatte dies allerdings nicht mitbekommen.

Und auch die ursprüngliche Erzfeindschaft mit Frankreich wird noch heute auf dem Platz ausgetragen:

- Im WM-Halbfinale 1982 rammte der deutsche Torwart Toni Schumacher dem Stürmer Patrick Battiston den Ellenbogen ins Gesicht – der Franzose blieb bewusstlos liegen. Diese Partie in Sevilla ist bis heute unvergessen und machte Deutschland, vor allem bei den Franzosen, zum größten Rivalen. Wenig verwunderlich, wenn man zusätzlich die gemeinsame „Kriegsgeschichte“ betrachtet.
- Besonders frustrierend für die Franzosen: Im anschließenden Elfmeterschießen hält Schumacher zwei Bälle – Deutschland gewinnt, er wird zum Helden.
- 2014 ein weiterer bitterer Moment für die Franzosen: Manuel Neuer glänzt auf dem Platz und vernichtet die Hoffnungen der Trikolores. Deutschland besiegt Frankreich im WM-Viertelfinale und wird später Weltmeister.

Und schließlich gibt es da noch den Angstgegner der Deutschen: Italien!

- Viele Niederlagen gegen die Italiener waren besonders bitter, weil sie oft zum Turnieraus führten – wie in den Halbfinalen der WM 2006 und der EM 2012.
- Dafür konnten sich die Deutschen bei der EM 2016 über ihren ersten großen Sieg über die Italiener freuen – dennoch sitzt die Angst vor weiteren Niederlagen tief.

Kreative Turniernamen

Zum Abschluss gebe ich dir noch ein paar kreative Ideen für dein nächstes Spaßturnier mit auf den Weg. Hier findest du die kreativsten Namen, die sich Hobby-Mannschaften für die Teilnahme an Freizeitligen und Turnieren ausgedacht haben:

- FC Porto und Versand – in Anlehnung an den portugiesischen Verein FC Porto
- Energie Kopfnuss – in Anlehnung an den deutschen Verein Energie Cottbus
- FC Lieberampool – das sehen die Liverpooler vermutlich manchmal ähnlich
- Holzbein Kiel – tauscht man wenige Buchstaben aus, erkennt man das Original: Holstein Kiel
- Ballertdasdarein Istanbul – auch hier eine Hommage an einen bekannten Verein: Galatasaray Istanbul
- Mensch ist der United – du hast es erfasst: Namensvorbild ist Manchester United

Besonders beliebt sind auch Namen, die zudem den Alkohol mit ins Spiel bringen:

- Dynamo Tresen – wäre vielleicht auch für die Sachsen ein guter offizieller Name …
- FC Saufhemden – geborgt vom englischen FC Southhampton
- Glashoch Rangers – als Hommage an die Glasgow Rangers

- Alternativ gern genommen: Glasbier Rangers
- Hangover 96 – warum auch nicht, immerhin gibt es ja auch schon Hangover 1 bis 3
- VfL Vollsuff – die armen Wölfe ...
- FC Biercelona – da würde die Vereinslegeende Messi bestimmt dumm aus der Wäsche gucken
- FC Køpinnacken – in Anlehnung an den FC Kopenhagen, inspiriert vom Trinkspruch: „Nicht lang schnacken, Kopp' in'n Nacken."
- Feiern 04 Leberbluten – auch klar soweit, oder?
- Steaua Sambucarest – lallt sich nach dem vierten Schnaps bestimmt ganz toll ... Namensverwandter ist Steaua Bukarest

Aber natürlich gibt es auch einige kreative Namen, die nicht direkt mit einem der großen Vereine in Verbindung stehen:

- Real Litätsverlust
- AS Pirin
- Stiftung Wadentest
- Sturm der Liebe
- FC Wadenkrampf
- AS Tralkörper

Danksagung

Vielen Dank, dass du dieses Buch gelesen hast. Ich hoffe, es hat dir beim Lesen ebenso viel Freude und neue Erkenntnisse gebracht wie mir beim Schreiben. Du hast jetzt vermutlich viel Neues gelernt und bist in jedem Fall bestens gewappnet für den nächsten Fußballstammtisch und für das Ratespiel im Bonusteil. Hierfür kannst du alle notwendigen Unterlagen einfach herunterladen. Viel Spaß beim Rätseln mit deinen Freunden! In diesem Sinne halte ich es wie Giovanni Trapattoni, der seinerzeit schon ganz schlicht erklärt hat: „Ich habe fertig!".

Bonus:
Fragespiel zum Download

https://mariusnagel79.wixsite.com/allgemeinwis-
sen/fu%C3%9Fballspiel

Passwort: Fußballliebe

Impressum

Autor: Tobias Seebuck
Verleger: Marius Nagel
Covergestaltung: Marius Nagel & Jintana / Fiver

Angaben gemäß § 5 TMG
Marius Nagel
Ernst-Thälmann-Str. 82
01968 Senftenberg

E-Mail: marius.nagel@gmx.de
Telefon: +49 160 5545555

Printed in Poland
by Amazon Fulfillment
Poland Sp. z o.o., Wrocław

12795525R00092